近代人文社會科學譯著（第二輯）

熊月之 主編

哲學原理

[日]井上圓了 著 王學來 譯

哲學論綱

[法]李奇若 著 陳鵬 譯

哲學十大家

[日]東京文學士 編 國民叢書社 譯

上海科學技術文獻出版社

图书在版编目（CIP）数据

哲学原理　哲学论纲　哲学十大家 / 熊月之主编. —上海：上海科学技术文献出版社，2023
（近代人文社会科学译著. 第二辑）
ISBN 978-7-5439-8774-6

Ⅰ. ①哲…　Ⅱ. ①熊…　Ⅲ. ①哲学　Ⅳ. ①B

中国国家版本馆 CIP 数据核字 (2023) 第 033358 号

策划编辑：张　树
责任编辑：王　珺
封面设计：徐　利

哲学原理　哲学论纲　哲学十大家
ZHEXUE YUANLI　ZHEXUE LUNGANG　ZHEXUE SHIDAJIA
熊月之　主编
出版发行：上海科学技术文献出版社
地　　址：上海市长乐路 746 号
邮政编码：200040
经　　销：全国新华书店
印　　刷：商务印书馆上海印刷有限公司
开　　本：889mm×1194mm　1/32
印　　张：13
版　　次：2023 年 3 月第 1 版　2023 年 3 月第 1 次印刷
书　　号：ISBN 978-7-5439-8774-6
定　　价：148.00 元
http://www.sstlp.com

近代人文社會科學譯著（1807—1919）序言

熊月之

一

人文社會科學，包含人文學科與社會科學兩類。〔一〕

〔一〕人文學科之所以稱『學科』而不稱『科學』，因爲通常所説的科學（science），主要指以物爲研究對象、可以通過實驗進行驗证的自然科學，而人文學科則以人爲研究對象，具有個别、私人、主觀性質，無法驗证。自然科學與人文學科處於比較的兩端，差异較大，而社會科學與自然科學之間，差异較小，且在取向、知識生産模式、研究方法等方面，較爲接近。人文學科與自然科學的區别，也表現在分析和解釋方向：自然科學從多樣性、特殊性、復雜性、偶然性走向統一性、一致性、簡單性和必然性；相反，人文學科則突出獨特性、意外性、復雜性和創造性。它們屬於不同的思維能力，使用不同的概念、不同的語言形式進行表達。自然科學是理性的産物，使用事實、規律、原因等概念，並通過客觀語言溝通信息；人文學科是想象的産物，使用現象與實在、命運與自由意志等概念。所以稱『學科』而不稱『科學』，更爲突出人文學科的特質。參見《簡明不列顛百科全書》（第6卷），北京：中國大百科全書出版社，1986年，第761頁；李醒民《知識的三大部類：自然科學、社會科學和人文學科》，《學術界》2012年第8期。

學科分類在不同歷史時期、不同語境下並不相同，標準、方法也見仁見智。近代以來，學術界逐漸傾向於將人類知識分爲三大部類，即自然科學、社會科學與人文學科。自然科學以自然即客觀的物質世界作爲研究對象，包括數學、物理學、化學、天文學、地學（地理學、地質學、氣象學）與生物學等；社會科學以人類社會作爲研究對象，涵蓋經濟學、政治學、法學、社會學、行政學、教育學、倫理學等；人文學科以人爲研究對象，探尋人的生存及其意義、人的價值及其實現，涉及語言學、文學、歷史學、哲學、藝術等。

本書選輯起止時間爲1807—1919年。衆所周知，中國近代史的起止時間，亦即中國近代史的研究對象，是從1840—1949年，因爲這百餘年的中國，是相對完整的近代形態，是一個完整的歷史時期。但是，近代西方人文社會科學在中國翻譯、傳播的歷史，與中國近代歷史的進程並不完全同步。

首先，起步更早。1807年，基督教新教傳教士、英國人馬禮遜來到澳門，然後進入廣州，拉開新一輪西學傳播序幕。稍後英國傳教士米憐、德國傳教士郭實臘等，絡繹東來。他們在馬六甲、新加坡、巴達維亞等地，開學校，辦印刷所，在當地華僑中傳播西學。他們所出版的涉及人文社會科學知識的書籍雖然不很多，但這些西學知識，與鴉片戰爭以後傳入中國的西學知識屬於統一整體，也是後者之先聲。

其次，心態轉變也早。近代中國讀書人、思想界對於以歐美爲中心的西方人文社會科學，有個從仰視到平視的轉變過程，其轉折點便是第一次世界大戰。1914—1918年，發生在帝國主義國家之間的世界大戰，有三十多個國家、15億人口卷入，傷亡人員三千萬，經濟損失難計其數。這一殘酷現實，讓中國讀書人、思想界明白，西方科學並不萬能，人類社會的演變，並不總是沿着進步的方向直綫上昇。巴黎和會上西方列强對於中國主權的無視與陵鑠，更讓中國人明白，世界上並不存在什麽平等對待弱者的『公理』。這種世界性的倒退與不公，促使東西方有識之士更加深刻地思考人類的未來，更加理性地思考東西方文化的價值。此後，西方人文社會科學在中國讀書人、思想界那裏，盡管仍然是最爲重要的文化資源之一，但已從至高無上的峰頂跌落下來，成爲與東方文化等量齊觀的一端。

這是本書將下限斷爲1919年的主要原因。

二

在介紹近代西方人文社會科學在中國傳播之前，有必要先回溯一下明末清初那段時間這方面的情況。

明末清初，利瑪竇、艾儒略、南懷仁等耶穌會傳教士編寫、或與徐光啓、李之藻、楊廷筠等人合譯的一批西學書籍，其中有十多部較多涉及人文社會科學內容，如《西國記法》(1595)、《職方外紀》(1623)、《西學凡》(1623)、《靈言蠡勺》(1624)、《西儒耳目資》(1625)、《治平西學》(約1629)、《修身西學》(1630)、《名理探》(1631)、《童幼教育》(1632)、《西方問答》(1637)、《齊家西學》(崇禎年間)、《坤輿全圖》與《坤輿圖説》(1674)、《窮理學》(1683)等，這些書對歐洲的哲學、政治學、經濟學、教育學、文學、歷史學、地理學等方面的知識有所介紹。

比如，傅汎際和李之藻合譯《名理探》，介紹了『愛知學』即哲學的含義。南懷仁編《窮理學》，介紹邏輯學的功用，稱窮理學『爲百學之宗』，爲『訂非之磨勘，試真之礪石，萬藝之司衡，靈界之日光，明悟之眼目，義理之啓鑰，爲諸學之首需者也。』[一]高一志著《治平西學》，爲最早漢譯西方政治學著作，分別從王公、群臣、兆民的行爲準則，説明何者爲宜、何者應戒，還介紹了世界上的三種政體形式：『一曰一人且王之政；二曰數人且賢之政；三曰衆人且民之政是也。』[二]艾儒略譯《職方外紀》，對歐洲教育制度包括學制、課程設置、考試方式均有所介紹。高一志著《修身西學》，述及西方倫理學知識，包括修身目的、修身憑藉與修身方法，主旨在於指明人類通過修德以確保自身行動的善，從而獲得美好，達到幸福境界。天啓年間出版的《况義》，是《伊索寓言》在中國傳播的第一個譯本。

明末清初西方人文社會科學在中國的傳播，傳播主體是利瑪竇等傳教士，中國學者徐光啓等參與譯述潤色，所傳内容從總體上説，比較零碎，不成系統，所譯編成書籍印數較少，傳播範圍較小，很多内容只是在少量學者中流傳。但是，他們所傳許多知識，開啓了近代西學東漸的先河，如地圓説、五大洲説、腦主記憶説；所創譯的諸多名詞，也被近代沿用，如亞細亞、歐羅巴、大西洋、地中海、自鳴鐘、天主等。他們以『理學』翻譯哲學，一度被近代學者沿用。

〔一〕南懷仁：《進呈窮理學書奏》，徐宗澤：《明清間耶穌會士譯著提要》第192頁，中華書局，1989年。

〔二〕高一志：《治平西學》，載黄興濤、王國榮編《明清之際西學文本》第2册，中華書局，2013年，第614頁。

三

近代西方人文社會科學在中國翻譯、傳播的歷史，可以分爲五個階段，即 1807—1842 年、1843—1860 年、1861—1900 年、1901—1911 年、1912—1919 年。

第一階段，從 1807 年至 1842 年。

17 世紀末 18 世紀初，因宗教禮儀問題，在清朝政府與羅馬教廷之間、中國耶穌會與羅馬教廷之間、耶穌會與其他天主教會之間，出現嚴重分歧。羅馬教廷要求在華天主教徒不得祭祖、不得拜孔。康熙皇帝表示，中國祭祖敬孔，不過是一種崇敬的禮節，並無宗教性質，如果來華西人，不能像利瑪竇那樣對祭祖敬孔持尊重態度，斷不準在中國居留、傳教。雙方交涉多次，不得要領。1717 年（康熙五十六年），康熙皇帝下令禁止天主教在華活動。此後，天主教在華再次步入低谷。雍正、干隆等朝，又相繼頒佈禁止天主教的命令。1773 年（干隆三十八年），因宗教内部紛争，羅馬教廷下令解散耶穌會，兩年後命令傳到中國，耶穌會正式解散。至此，自晚明開始在中國活動二百年的耶穌會，終於告一段落。西學傳播的細流亦因此截斷。

1807 年，英國基督新教傳教士馬禮遜，受倫敦會委派，從英國經美國輾轉來到澳門，進入廣州，以後在廣州、澳門及南洋各地，進行傳教與西學傳播活動。稍後，英國傳教士米憐、楊威廉，美國傳教士裨爲仁、雅裨理、裨治文，德國傳教士郭實臘等，絡繹東來。他們在馬六甲、新加坡、巴達維亞等地，開學校，辦印刷所，出版《聖經》等宗教讀物，也在當地華僑中傳播西學。所出版的涉及人文社會科學方面的書籍有十來種，包括《生意公平聚益法》(1818)、《西游地球聞見略傳》(1819)、《地理便童略傳》(1819)、《東西史記和合》(1829)、《大英國統志》(1834)、《美理哥合省國志略》(1838)、《古今萬國綱鑒》、(1838)、《萬國地理全集》(1838)、《制國之用大略》(1839)、《貿易通誌》(1840)，所出版刊物《察世俗每月統記傳》(1815—1821)《特選撮要每月紀傳》(1823—1826)《東西洋考每月統記傳》(1833—1838)，都含有豐富的西方經濟學、歷史學、地理學知識。

比如，《生意公平聚益法》，介紹人們相互之間進行貿易應該遵循的基本法則；《地理便童略傳》對世界主要地區與國家均有介紹，對英國、美國政治制度、司法制度介紹較爲具體。《古今萬國綱鑒》，凡244頁，分20册，是鴉片戰争以前介紹世界歷史知識最爲詳盡的一部書。《貿易通誌》較爲翔實地介紹了西方的商業制度，魏源在《海國圖志》中，對許多國家的貿易、商業的介紹資料採自此書。《大英國統志》《美理哥合省國志略》分别翔實地介紹了英國、美國的國情。

再如，《察世俗每月統記傳》所載《論有羅巴列國》《論亞西亞列國》《論亞非利加列國》《論亞默利加列國》《法蘭西國作變復平略傳》等文，介紹歐洲、亞洲、美洲等地地理、歷史知識，介紹了法國的歷史。還在1821年，便介紹了剛剛立國45年的美國，稱其面積寬大，盛産各物，港口衆多，人口增加很快，且有智有力，預料其日後必爲美洲最大國家。[一]《東西洋考每月統記傳》所載《通商》《貿易》《公班衙》等文，

[一]《論亞默利加列國》，《察世俗每月統記傳》卷七，道光元年。

介紹西方通商理論，認爲通商貿易對商人、人民、國家都有好處，强調通商貿易要篤實誠信，不可食言行騙。

鴉片戰爭以前，中國還没有被英國打敗過，中西關係還比較平等，傳教士在介紹西方情况時，心態還不是那麽傲慢，所以，行文常用對話體，以中國人習慣的説書形式出現。爲了迎合中文讀者心理，作者論述問題，每每先引一段中國古代聖賢的語録或故事，然後進行中西比較，説明東方西方，心同理同。這種表達方式，類似於明末清初耶穌會士，而不同於鴉片戰爭以後傳教士那種居高臨下姿態。

第二階段，從1843年至1860年，即五口通商時期。

在1840年至1842年的中英鴉片戰爭中，清朝政府戰敗，被迫與英、美、法等國簽訂不平等的《南京條約》、《望厦條約》和《黄埔條約》，被迫割讓香港給英國，開放廣州、福州、厦門、寧波、上海作爲通商口岸，允許外國人在這些口岸傳播宗教、開設學堂、開辦醫院。於是，傳教士便將活動基地從南洋遷到中國東南沿海，開始了晚清西學傳播史上的新階段。這一階段，通商口岸成爲傳播基地。此前，傳教士的活動局限於南洋一帶，西學書刊雖亦能傳至中國大陸，其所辦學校中也有華人，但畢竟水路迢迢，對中國内地影響有限。五口通商後，麥都思、雅裨理、慕維廉、艾約瑟等傳教士以這些地方爲基地，辦學校，出書刊，進行各種西學傳播活動，東南沿海遂成中國率先接受西學影響的地區。傳教士所出版《聯邦志略》(1846)、《格物窮理問答》(1851)、《地理全志》(1853)、《大英國志》(1856)、《地球説略》(1856)、《地理略論》(1859)等書籍，《中西通書》(1853—1860，年鑒)、《遐邇貫珍》(1853—1855)、《六合叢談》(1857—

1858）等雜誌，包括豐富的歷史學、地理學、經濟學知識，也有一些哲學、文學知識。

比如，《遐邇貫珍》所載《花旗國政治制度》一文，不但介紹了美國的總統選舉制、立法、司法、行政、聯邦及各州之組織，還將英、美政治制度作了比較，認爲各有利弊。再如，慕維廉譯編的《大英國志》與《地理全志》，都是超過三百多頁的大書，前者翔實地介紹了當時世界上最强大的帝國英國的歷史與現實，後者比較宏觀地介紹了世界地理知識。

這一時段，傳教士忙於在通商五口進行傳教活動，出版宗教讀物繁多，所出人文社會科學書籍較少，十來種而已，但是這些書刊在中國士紳中還是産生了比較廣泛而重要的影響。魏源編《海國圖志》，廣泛徵引了《地球圖説》等西書；徐繼畬撰《瀛寰志略》，直接得益於雅裨理等人的西書資料；王韜、管嗣復參加了一些西書與雜誌的譯編，受到這些知識的深刻影響。王韜日後出版《西學輯存六種》，頗得益於他在墨海書館協助偉烈亞力等人的西學熏陶，管嗣復則將其西學知識轉述給其老師馮桂芬，促成馮桂芬名著《校邠廬抗議》的誕生。《聯邦志略》《地理全志》《地球説略》等書還傳到了日本，並有日譯本行世。

第三階段，1860年至1900年。

1856年至1860年，英國、法國在美國、俄國等支持下，發動了侵略中國的第二次鴉片戰爭。中國再次慘敗。侵略者逼迫清朝政府先後簽訂了《天津條約》（1858）、《北京條約》（1860）等一系列不平等條約。通過這些條約，外國侵略者從中國勒索了大筆戰爭賠款，取得了一系列侵略特權。其中，與西學傳播密切相關的有：一、增開11個通商口岸，即天津、牛莊、登州、臺南、潮州、瓊州、鎮江、南京、九江、漢口、淡水。後來實際開埠時，牛莊改爲營口，登州改爲煙臺，潮州改爲汕頭。條約規定，外國人可以在這些通商口岸居住、賃房、買屋、租地起造禮拜堂、醫院、墳塋等。二、傳教自由。三、外國人可到中國内地各處遊歷、通商，中國政府應提供方便。四、開放長江。這樣，加上先前割讓的香港，開放的五口，中國被迫對外開放的城市達17個。外國人可以在南起廣州、厦門，中經上海、煙臺，北至天津、營口，東起上海、南京，沿江西上，直到中國内地，這樣廣闊的範圍裏自由活動。其結果，加强了西方列强對中國的政治侵略、經濟掠奪，也便利了他們對中國的文化滲透。

在清政府方面，以咸豐皇帝去世、辛酉政變發生、慈禧太后掌權爲轉折點，中國對外對内政策有了重大調整。總理各國事務衙門的設立，京師同文館、上海廣學會的創辦，以學習西方堅船利砲、聲光化電爲重要内容的洋務運動的開展，江南製造局等機構的設立，中國向歐洲、美洲與日本等地駐外使臣的派出，聖約翰大學等衆多教會學校的創辦，都對西學傳播産生了重要影響。1894年發生的中日甲午戰爭，中國再次慘敗，激起變法思潮高漲，維新運動發生，更推動了西學傳播的高漲。

這一階段，譯介西學方面，有兩支力量同時發力，即清政府官辦機構與教會機構，前者以京師同文館、江南製造局翻譯館爲其著者，後者以設在上海的以基督新教傳教士爲主的廣學會最爲突出，天主教耶穌會設立的土山灣印書館也貢獻甚多。

這一階段，所出版的人文社會科學譯著，數量較前大爲增多，約130種，超過以往約三百年所出同類書籍總數。内容也更加厚實系統，有適應瞭解國際形勢與外國情況需要的《萬國公法》（1864）、《歐洲史略》（1886）、《希臘志略》（1886）、《羅馬志略》（1886）、《四裔編年表》（1874）、《萬國史記》（1880）、《法國律例》（1880）、《萬國通鑒》（1882）、《八星之一總論》（1892）、《各國交涉公法論》（1898）、《歐羅巴通史》（1900）等；有介紹外交常識的《星軺指掌》（1876）、《公法便覽》（1877）、《公法會通》（1880）；有介紹西方歷史、哲學、經濟學基礎知識的《佐治刍言》（1885）、《西學略述》（1886）、《辨學啓蒙》（1886）、《富國養民策》（1886）、《地球一百名人傳》（1898）；有適應變法需要、介紹外國變法的書籍《自西徂東》（1884）、《列國變通興盛記》（1894）、《泰西新史攬要》（1895）、《文學興國策》（1896）；有爲變法運動提供理論支撑的《天演論》（1898）、《民約通義》（1898）；有爲教育變革提供學術資源的《西國學校》（1873）、《肄業要覽》（1882）、《七國新學備要》（1888）、《教育學綱要》（1899）；有合哲學與心理學爲一體的《心靈學》（1889）、《治心免病法》（1896）。《格致匯編》刊載傅蘭雅所作的《混沌説》（1877），概略地叙述了當時中國還不大有人瞭解的生物進化論觀點。廣學會出版的李提摩太翻譯的《百年一覺》（1894），原爲美國空想社會主義小説，影響極廣。同爲廣學會出版的《大同學》（1899），第一次向中國人介紹了馬克思及其學説。

第四階段，1901年至1911年。

1898年的戊戌政變，1900年的八國聯軍侵略中國之役，使清朝政府的威信跌到最低點，中國國際、國内形勢均發生巨大變化。一方面，愛國人士、知識分子失望到極點，革命風潮因之而生，留日熱潮驟然而起。另一方面，清政府實行新政，鼓勵工商，廢除科舉，改革學制，繼而宣佈預備立憲。這兩方面都亟需西學（新學）資源。在這兩方面因素的共同作用下，西方人文社會科學在中國的傳播，呈井噴之勢，從内容到方式、從數量到質量都有巨大變化。

此前，西學知識主要由翻譯英、法等西書而來。1900年以後，由日本轉口輸入西學數量急劇增長，日本成爲西學輸入主要來源地。從1900年到1911年，中國通過日文、英文、法文共譯各種西書至少有1599種〔一〕，遠遠超過此前90年中國譯書的總數。從1902年至1904年，共譯西書533種，其中日文書籍達321種，占總數的60%。

在繁多的中譯西書中，人文社會科學比重加大。以1902年到1904年爲例，三年共譯文學、歷史、哲學、經濟、法學、政治學等人文社會科學書籍327種，占譯書總數的61%。同期翻譯自然科學書籍112種，應用科學56種，分別只占譯書總量的21%和11%。〔二〕所占比重從多到少的順序爲人文社會科學→自然科學→應用科學，與之前幾十年的情形正好相反。京師大學堂從1898年到1911年翻譯、出版西學教科書有六十餘部一百多册，其中人文社會科學類占62%。〔三〕這表明當時西學輸入的重心，已從器物技藝等物質文化層面轉到思想、學術等精神文化層面。

〔一〕見拙著：《西學東漸與晚清社會》（修訂本），中國人民大學出版社，2011年，第11頁。

〔二〕以上數據均見拙著：《西學東漸與晚清社會》（修訂本），第11頁。

〔三〕範軍：《歲月書痕》，華中師範大學出版社，2017年，第165頁。

就内容而言，這一階段所譯人文社會科學書籍，舉凡哲學、文學、歷史、經濟、法學、政治學等各學科，都有頗成規模的系統譯作。

哲學方面，概論性譯作就有9部，如井上圓了著、羅伯雅譯《哲學要領》（1902），德國科培爾著、下田次郎述、蔡元培譯《哲學要領》（1903），井上圓了著、王學來譯《哲學原理》（1903）；邏輯學譯作18部，如楊蔭杭譯《名學》（1902），清野勉著、林祖同《論理學達恉》（1902），十時彌著、田吴炤譯《論理學綱要》（1902）、嚴復譯《穆勒名學》（1905），大西祝著，胡茂如譯《論理學》（1906），英國耶方斯著、王國維譯《辨學》（1908），法國孟德福著、李問漁譯《名理學》（1908）。其他哲學著作（含哲學家介紹、各國哲學、哲學史）9部，如蟹江義丸著、範迪吉等譯《西洋哲學史》（1903）、姉崎正治著、範迪吉等譯《宗教哲學》，井上圓了著、蔡元培譯《妖怪學講義録（總論）》（1906）；心理學譯作21部，如元良勇次郎著、王國維譯《心理學》（1902），長尾槙太郎著、蔣維喬譯《心理學》（1906）等；倫理學譯作10部，如元良勇次郎著、麥鼎華譯《倫理學》（1902）、德國泡爾生著、蔡元培譯《倫理學原理》（1909）；教育學46部，如立花銑三郎述、王國維譯《教育學》（1901），能勢榮著、葉瀚譯《泰西教育史》（1901）。清末一度流行哲學救國論，一批學者認爲救國應先救其人，救人應先救其心，救心應先救其學，而救學則應從譯介西方哲學始。因此，舉凡古希臘、羅馬哲學，西方近代哲學，以及重要哲學家生平及其學説，幾乎無一不被譯介。

文學作品翻譯更是繁盛一時，内以小説最多。據研究，從1901—1911年，中國共翻譯域外小説547

部，散文集22部，戲劇1種〔一〕。對英、美、法、俄、德、日、荷蘭、奥地利、瑞士、希臘等國文學作品均有翻譯，内以英、法、日三國最多。英國的莎士比亞、笛福、斯威夫特、哈葛德、柯南道爾、司各特、哈代、拜倫、狄更斯、斯蒂文森等，法國的小仲馬、雨果、大仲馬、朱力士、迦爾威尼，美國的斯土活夫人、布萊特夫人等人作品都有翻譯。譯自英國的，僅林紓就與人合譯哈葛德《迦因小傳》和《鬼山狼俠傳》等20種、柯南道爾《歇洛克奇案開場》等7種、司各特《撒克遜劫後英雄略》等3種、斯蒂文森《新天方夜譚》等。同是柯南道爾作品，就有周桂笙、林紓和魏易、陳家麟、包天笑等人投入翻譯。譯自法國的有，林紓與他人合譯的《巴黎茶花女遺事》《賂史》，薛紹徽譯的《八十日環遊記》，包天笑譯的《鐵世界》，朱樹人譯的《穡者傳》和《冶工軼事》，陳春生譯的《獄中花》，梁啓超等譯的《十五小豪杰》，魯迅翻譯的凡爾納小説《月界旅行》。從1899年到1911年，從日本翻譯過來的小説有55種，其中1907年就翻譯了11部，内有《佳人奇遇》《經國美談》《謀色圖財記》《美人島》《世界一周》等。〔二〕

歷史學方面，比較重要的有102部，其中通史14部，如作新社出版的《萬國歷史》(1902)、支那翻譯會社的《萬國史綱》(1903)、杭州史學齋的《萬國史要》(1903)、上海通社的《世界通史》(1903)、山西

〔一〕鄧集田：《中國現代文學的出版平臺——晚清民國時期文學出版情況統計與分析(1902—1949)》，華東師範大學博士論文，2009年，第502—512頁。

〔二〕汪帥東：《晚清日本文學翻譯研究》，《當代外語教育》，2018年，第2輯。

大學堂譯書院的《邁爾通史》(1905)、江楚編譯官書局的《萬國史略》(1906)。其中英國李思倫白著、蔡爾康等譯編的《萬國通史》，規模最爲宏大，凡30卷，相繼於1900、1904、1905年由廣學會出版。地區史、國別史52部，如東亞譯書會《歐羅巴通史》(1900)、金粟齋《西洋史要》(1901)、商務印書館《亞美利加洲通史》(1902)、文明書局的《泰西通史》(1903)等，還有英、美、德、法、日等國歷史。變政史、維新史、獨立史17部，如作新社的《英國維新史》(1903)、文明書局的《佛國革命戰史》(1903)、商務印書館的《美國獨立戰史》(1911)，還有關於意大利、菲律賓、希臘、印度等國獨立或變革史。其他專史5部，如開明書店的《近世海戰史》(1903)、文明書局的《世界女權發達史》。人物傳記14部，包括華盛頓、拿破侖、彼得大帝、俾斯麥等個人傳記，還有世界名人、歐洲政治學家、日本維新志士等合傳。

政治學方面，比較重要的譯編有29部，其中政治學概論性的譯作，有高田早苗講述、嵇鏡譯《國家學原理》(1901)，德國伯倫知理原著、梁啓超譯《國家學綱領》(1902)，德國那特硜著、馮自由譯的《政治學》(1902)、戢翼翬等譯《那特硜政治學》(1901)，市島謙吉著、麥曼蓀譯《政治原論》(1902)，美國伯蓋司著、楊廷棟譯《政治學》(1904年以前)；政治學理論譯作有英國斯賓塞著作、楊廷棟譯《原政》(1902)，法國盧梭著、楊廷棟譯《路索民約論》(1902)，浮田龢民著、出洋學生編輯所譯《帝國主義》(1902)，西川光次郎著，周子高譯《社會黨》(1902)，馬君武譯《彌勒約翰自由原理》(1903)，幸德秋水著、中國達識社譯《社會主義神髓》(1903)，村井知至著、侯士綰譯《社會主義》(1903)，加藤弘之著、陳尚素譯《人權新説》(1903)，福井準造著、趙必振譯《近世社會主義》(1903)，英國甄克思著、嚴復譯《社會通詮》(1904)

等。介紹各國政治態勢的有《萬國政治叢考》《最新萬國政鑒》《最新萬國政治制度》《萬國國力比較》《歐美政教紀原》《十九世紀末世界之政治》《美國民政考》等。

經濟學方面，1901 年至 1911 年出版譯作 23 部。其中，嚴復翻譯的《原富》出版，是西方經濟學經典著作首次完整譯出。1902 年，《欽定學堂章程》規定，今後學制三年的高等學堂政科，必須設立『理財學』即經濟學課程，這促進了西方經濟學説引進與傳播。此後，楊廷棟編《理財學教科書》、天野爲之著《理財學綱要》、商務印書館出版的田尻稻次郎著《理財學精義》，均列爲中小學理財學教材。1906 年至 1908 年，政治經濟社等機構出版了《公債論》《租税論》《紙幣論》《貨幣論》《財政學》《計學》《比較財政學》等多種屬於經濟學分支的著作。

法學方面，這一階段譯作特多。從 1901 年至 1911 年，共譯法學書籍 263 種〔一〕，是晚清社會科學中譯書最多的學科。1902 年，清廷命沈家本等遴選諳習中西律例司員分任纂輯，延聘東西各國精通法律之博士、律師以備顧問，復調取留學外國卒業生從事翻譯。於是，清政府有計劃地翻譯大量法律書籍。民間譯書機構或出於社會需求，或出於牟利目的，也翻譯了大批法學書籍。從國際公法、國際私法，民法、刑法、民事訴訟法、刑事訴訟法、行政法，應有盡有。不但一般性的介紹法學原理、法學流派、國際法的著作都有介紹，而且各種具體法規法制，如警察學、監獄學，也很豐富。有的同一種著作有多種譯本，

〔一〕田濤、李祝環：《清末翻譯外國法學書籍評述》，《中外法學》，2000 年，第 3 期。

單1903年，《國際私法》就有4種譯本，《國法學》有5種譯本，《法學通論》有6種譯本。1904年至1909年，清政府爲適應法律改革需要，由修定法律館主持審定，翻譯了一大批刑法、民法方面的書籍，包括德國、法國、美國、意大利、日本等國刑法、民法多方面具體法規。1906年以後，中國地方自治聲浪日高，與地方自治相關的自治法規、地方性法規書籍翻譯頗多，諸如《地方自治論》《英國地方政治》《歐洲大陸市政論》《日本府縣制郡制要義》，與地方自治相關的警察書籍翻譯尤多，諸如《最近警察法教科書》《德國警察法》《警察全書》《警察學》《偵探學》。這些書主要自日文譯出，法律也以日本爲多。這一時期引進日本法律最爲全面的一部書籍，即《新譯日本法規大全》，由張元濟、劉崇杰等翻譯，内容相當廣泛，對清末法制改良有着重大影響。

第五階段，1912—1919年。

隨着清廷覆滅，中華民國建立，政治建設、法制建設、公民道德建設等任務提到人們面前，這些方面的譯介著作也隨之增多。與政治建設、法制建設有關的譯作主要有：同是英國莫安仁著、許家惺譯的《英國立憲鑒》（1912）、《英議院權力發達史》（1912），英國布賴斯著、孟昭常譯《平民政治》（1912），美國麥萊著、陳其鹿譯的《美國民主政治大綱》（1912），美國約翰·温澤爾著、楊錦森、張萃農譯的《美法英德四國憲法比較》（1913），日本田中萃一郎著、畢厚譯《歐美政黨政治》（1913），美國黎卡克著、梁同譯的《政府論》（1914），法國路易·普羅爾著、高仲和譯的《政治辨惑論》（1914），日本齋藤隆夫著、姚大中譯的《比較國會論》（1917）。東方法學會譯編法律要覽叢書多種，由泰東書局出版，包括《民法要覽》《民事訴訟法要覽》《商法要覽》《刑法要覽》等，影響廣泛。

有關公民道德建設的譯作甚多，諸如《國民道德談》（1915）、《道德之研究》（1915）、《品性論》（1916）《泰西改良社會策六章》（1917）、《新道德論》等。其中，英國著名道德學家斯邁爾斯（S. Smiles，1812–1904）多種著作被多次翻譯，包括《勤儉論》（1914）、《克己論》（1915）、《職分論》（1917），葉農生、蔣方震、秦同培等均參與譯事。第一次世界大戰爆發以後，有一批與戰爭有關的譯作問世，如《德意志戰論》《開戰時之德意志》《美國總統威爾遜參戰演説》《革命心理》《國際同盟論》。

這一階段，馬克思主義、無政府主義書籍的譯介也有一些，包括1912年施仁榮翻譯恩格斯的《理想社會主義與實行社會主義》，是馬克思主義經典文本在中國早期傳播較爲完整的譯本，是恩格斯的著作《社會主義從空想到科學的發展》在中國的第一次譯介。1919年凌霜翻譯克羅泡特金的《近世科學與無政府主義》。

這一階段，所譯哲學、史學著作，均遠較清末爲少，但文學翻譯勢頭依然很猛。1912年至1919年，共翻譯域外小説250部，散文集35部，戲劇3部〔一〕，涉及英、法、美、俄、德、日、西班牙、奧地利、瑞士、波蘭、比利時、丹麥等國作家，内以英、法作家所占比例爲高，英、法主要作家被譯作品與清末

〔一〕 鄧集田：《中國現代文學的出版平臺——晚清民國時期文學出版情況統計與分析（1902—1949）》，華東師範大學博士論文，2009年，第512—519頁。

有延續性，如英國哈葛德、柯南道爾、狄更斯，法國大仲馬、雨果等，增加較多的是美國作家華特生等人的作品，俄國托爾斯泰等人作品也陸續翻譯進來。

以上五個階段，就對中國社會影響而言，每一階段都不能忽略，各有各的影響。但綜合而言，以清末這一階段的影響，最爲廣泛而深入。數以百計的出版機構，數以千計的中譯日書，數以萬計的留日人員，難計其數的雜誌、報紙，將形形色色的西方新學轉口輸入中國。範圍之廣，數量之多，來勢之猛，是此前歷史階段也是民國初年所不可比擬的。這一階段，正是中國廢科舉、興學校的教育體制轉型期，難計其數的各門各科的新式教科書，大多是這一階段編寫的，藍本多取自日本，多取自這一階段的譯書。各門各科的辭典大量引進、編寫，無形中起着規範語言的作用。

四

近代中國被動卷入全球化浪潮之中，遭遇千古未有之變局。在此以前，中國雖然早已與外族有了關係，但那些外族都是文化較低的民族，縱使他們入主中原，到頭來也終歸爲以儒學爲核心的中國文化所化。在中國接觸的世界裏，中國以老大自居，他國也以老大尊之。但是，到了近代，情況大不一樣。中國面對的英國、美國、法國等，絶非先前的夷狄可比。這些對手，既陌生又强大，突兀而來，猝不及防。中國生産方式、生活方式、價值觀念、審美情趣、教育體系、學術體系、語言詞彙，乃至風俗習慣，無不發生深刻的變化。人文社會科學譯著，既是這一歷史變局的産物與證物，也是這一變局的助推器。

以語言詞彙而言，中國今天所用各類新詞彙，大多形成於近代。人文社會科學方面的新名詞，諸如社會、政黨、民族、階級、主義、範疇、系統、規範、唯物、唯心、主體、客體、法學、法庭、民法、刑法、金融、銀行、生産力、生産關係，都是近代出現的，而且大多是從日本移植而來。日常生活所用諸多新詞彙，也主要形成於近代。比如，以『化』字結尾的複合詞，特殊化、現代化、民族化、大衆化、自動化；以『式』字結尾的複合詞，速成式、問答式、簡易式、西洋式；以『炎』字結尾的病名，關節炎、氣管炎、腦炎、肺炎、胃炎、腸炎；以『性』字結尾的複合詞，可能性、現實性、必然性、偶然性、必要性、習慣性；以『界』字結尾的複合詞，文學界、思想界、藝術界、新聞界、出版界；以『感』字結尾的複合詞，美感、好感、惡感、情感、敏感；以『點』字結尾的複合詞，觀點、要點、焦點、重點、出發點；以『觀』字結尾的複合詞，悲觀、樂觀、人生觀、科學觀、世界觀、宇宙觀；以『論』字結尾的複合詞，一元論、宿命論、無神論、唯物論、唯心論；以『法』字結尾的複合詞，辯證法、歸納法、演繹法、綜合法、分析法。還有以『作用』『問題』『時代』『社會』『主義』『階級』等詞結尾的複合詞，心理作用、精神作用、土地問題、社會問題、舊石器時代、新石器時代、奴隸社會、封建社會、人文主義、社會主義、地主階級、農民階級。如此等等，不一而足。

新名詞如此，學科分類亦如此。以『學』字結尾的學科名，財政學、經濟學、生物學、物理學、心理學、家政學、社會學、冶金學，也都在清末定型。

近代譯介的人文社會科學，不但影響了當時的中國社會，而且業已廣泛融入中華文化傳統當中，幾乎無處不在、無時不在地體現於我們的物質文化、制度文化與觀念文化之中，體現於我們的日常生活當中。倘若不信，你且撇開此類新思想、新觀念、新學術、新詞語，寫一篇文章或者講幾句話試試！

鑒此，我們選編了這套《近代人文社會科學譯著選輯》，選擇不同歷史階段較有影響的譯著，分爲五輯，分類如下：1、人文社會科學總論與政治學；2、哲學、邏輯學、倫理學、心理學、教育學；3、歷史學、地理學、社會學、禮俗；4、法學、經濟學；5、文學、藝術、人物傳記。

鑒於嚴復所譯學術名著、林紓所譯文學著作已有多種刊本行世，本書不再收録。

《近代人文社會科學譯著》第二輯第一册説明

本册選録《哲學原理》《哲學論綱》與《哲學十大家》。

《哲學原理》，井上圓了著，王學來譯，閩學會叢書之一，1903年出版。

井上圓了（1858—1919），日本明治時代著名哲學家，生於越後（新潟縣）慈光寺，號甫水。1885年畢業於東京大學哲學科，同年刊行《三學論》，闡述孔子、釋迦牟尼、蘇格拉底、康德等"四聖"之學。他反對當時的歐化風潮，以哲學的立場來批判基督教，立足於國粹主義立場而致力於佛教的改革與再興。1887年創立以研究佛教哲理爲中心的哲學館。1888年及1902年兩度留歐。1896年獲文學博士學位。1903年，在東京中野建哲學堂，出版《哲學雜誌》《日本人》等雜誌，並創立哲學會、國家學會。1919年遊歷中國，途中病歿於大連。

王學來，福建閩縣（今福州）人，其時在日本帝國大學農科留學，生平事蹟不詳。閩學會爲福建留日學生組織，設在東京神田區駿河臺鈴木町十八番地，會員有林長民、劉崇傑、王學來等。《閩學會叢書》除了這部《哲學原理》，還有《西力東侵史》（齋藤阿具著，林長民譯）、《史學原論》（浮田和民著，劉崇傑譯）、《社會進化論》（有賀長雄著、薩端譯）、《人種誌》（鳥居龍藏著，林楷青譯）、《泰西格言集》（高夢旦編譯）等。

《哲學原理》凡四章，首緒論，述哲學定義、物心區别、物心神三元之異同、理學與哲學關係、哲學各分支的情况等；次總論，介紹哲學之三段法、性善性惡論之三段法、佛教之三段法；三結論，介紹東西哲學源流之同一、東西哲學同時發達之時代、一國與社會哲學發達之原因、哲學發達與文化發達之關係；四附録，介紹泰西歷史上哲學之發達、泰西哲學諸家之學説、泰西哲學家年表。書中詳述哲學研究之法、社會發達之由，旨趣盎然，譯筆明達，後附泰西哲學家年表可備考核學派之用。書中對於哲學各種範疇、名詞，或予解釋，或以結構圖表説明。書中論述，事物有二種，一有象，一無象。屬於無形者不獨一心而已，舉凡物之實體與神之實體在我耳目感覺之外者，皆屬於無形。然心之無形與神之無形頗有不同，心之體雖爲無形而能現示其作用，是爲有現象，神之體則須間接始能現示其作用，是於直接不有現象也。故無形之事物中，又有有現象、無現象二種，心爲有象，神爲無象。書中認爲，論究無象事物之學稱爲形而上哲學，或曰純正哲學，論究有象事物之學，則爲形而下哲學，或曰實驗哲學。此書結論部分，從東西洋比較角度討論異同，並討論哲學與人才之關係，很有識見：

凡思想之發達，不問人種地位之異同，要必從同一之規則，故考其發達所得結果，大抵相同。以是比較東西兩洋之哲學，其流派實多類似，即爲西洋學者今日所唱諸説，爲東洋學者所嘗論。支那學者古代所論諸説，亦爲希臘學者所已言者也。實而言之，西洋學者之論理學與印度之因明法同其類，希臘諸儒之道德學，與支那之孔孟語同其趣。佛教唯心論、真如論，同於德國諸家之説，老莊申韓言論篇籍，亦與西儒諸説相仿。又如西洋有自愛説，東洋亦有之。東洋有良心論，西洋亦有之。是蓋因人智之進步，大抵同其方向，思想之發達，大抵同其性質焉。

又凡英雄崛起，與學者挺生，每有一定之運會。苟其運會所及，無論東西中外，人材輩出，諸派哲學無不競起一時，而哲學思想之發達，亦猶是也。當其運會極盛之時，曠化之哲學者起於四方，而哲學一時大見發達，及其機一過，雖閱數百年之久，曾無一人學者出其間。……哲學之發達，或有一定之氣運可知也。且其氣運非限於一國一社會而止，推之東西諸大洲，一時皆見其發達。即如紀元前三四百年代，於希臘當蘇格拉底、柏拉圖、亞里士多德諸氏之時，於支那當孔孟老莊楊墨荀韓之時，於印度當馬鳴、龍樹、無著、世親之時，東西同時文化勃興，哲學思想大見發達，不可謂不奇也。〔一〕

井上圓了是明治時代很有創造力的思想家，他在接受西方哲學體系以後，宣導文化亞洲主義，努力挖掘東方哲學資料，在佛學、妖怪學研究方面貢獻很大，創造了兼顧東西、融合東西的哲學體系。他編寫的《哲學原理》，總的體系來自西方，有哲學定義、認識論、方法論、哲學史等，但有一個相當鮮明的特點，就是全球視野，既介紹了西方哲學，也介紹了東方哲學，並努力比較其間的異同。

《哲學論綱》，法國李奇若原著，陳鵬翻譯，廣智書局 1903 年出版。

李奇若，原書未附西文名，生平不詳。陳鵬，字孟起，廣東南海人，生平不詳。除了《哲學論綱》，陳鵬還翻譯過《理學鈎元》（又作《理學鈎玄》，中江篤介著，廣智書局 1902 年）、《希臘三大哲學家説》（作

〔一〕本書第 33—34 頁。

者不詳，廣智書局1902年）、《國憲泛論》（小野梓著，廣智書局1903年）。廣智書局，1901年在上海成立，名義上由廣東華僑馮鏡如主持並任發行人，實爲梁啟超負責，由海内外維新會會員認股。局址設上海南京路同樂里，後遷棋盤街，再遷江西路。出版業務主要有二，一爲譯書，介紹西學，多以日文西書爲藍本；二爲出版應試指南。1915年停辦。

《哲學論綱》，凡一卷四篇：第一篇序論，介紹哲學之定義、哲學之目的、哲學之區别；第二篇爲論理學（今譯邏輯學），介紹論理學之定義及其目的、論理學之區别，以後分述思想、判斷、論法（歸納法、演繹法、詭辯等）、方法（分解法、總合法、定義、區别、論證）、真理（確知、知識、謬誤）；第三篇爲形而上學，包括實體學（有、無、實在、想像的有、有之區别、有之關係等）、宇宙學（實體、時間、空間、宇宙之秩序等）、心理學（靈魂之本質、身體與精神、靈魂之所在、靈魂之能力、人類之終）、神學（神之存在、神之性質、神之動用）；第四篇爲倫理學（目的、相對的善與絶對的善、人間的行爲、情、法則、義務）。

蔣維喬有閲讀《哲學論綱》的記録：1905年十一月，『初九日陰，無雨。九時赴醫院。閲畢《哲學論綱》一册。是書爲法國李奇若著，南海陳鵬譯，分哲學爲論理學、形而上學、倫理三部。書中大旨皆主張造物主造人，反對進化家言，蓋偏於宗教者也』。〔一〕

〔一〕蔣維喬著：《蔣維喬日記》，商務印書館，2017年，第213頁。

《哲學十大家》，東京文學士編輯，文化編譯會社藏版，1903 年出版。所收十大家爲：瑣格拉底（蘇格拉底）、弗拉的（柏拉圖）、亞里士多德、倍根（培根）、牛董（牛頓）、孟德斯咎（孟德斯鳩）、斯密士、本唐（邊沁）、達爾文、斯賓塞。編者説明，之所以選此十家爲西方哲學代表人物，因爲蘇格拉底、柏拉圖與亞里士多德是古希臘哲學代表，其他諸人爲近世以來西方哲學代表，此十人『於哲學界上，各竪一幟，名顯於當世者也』〔一〕。書中對於每一代表人物，皆述其生平，論其哲學特點，及其在哲學史上的地位。書中稱蘇格拉底是『泰西之孔夫子』，引荀子『青取之於藍而青於藍，冰水爲之而寒於水』的名言，稱蘇格拉底、柏拉圖與亞里士多德在哲學史上的地位，師生三代，一代勝過一代，柏拉圖之青由蘇格拉底之藍而出，又優於蘇格拉底之藍；亞里士多德之冰，由柏拉圖之水爲之，又優於柏拉圖之水。〔二〕

《新聞報》在 1903 年 7 月，發佈廣告，稱『《哲學十大家》集泰西名儒之大成，爲斯文進步之盛軌，闡發精蘊，無微不至。微特應試者所必須，凡講究新學者允宜家置一編』〔三〕。同年8月、9月，《新聞報》再發

〔一〕 本書第 254 頁。
〔二〕 本書第 270 頁。
〔三〕《出書告白》，《新聞報》1903 年 7 月 15 日第 11 版。

較前更爲詳細的廣告[一]：

無哲學則無理想、無實業，而因之無以造世界。故西國政藝皆原始於哲學大家。第自希臘肇始紀元前六百年，遙遙至今，二千五百餘年，統緒綿延，求其脈絡貫通，上下相接，惟東京文學士所著《哲學十大家》爲最，自古代以迄近世，其中間之絶而複續，續而大昌明興盛，皆有原有因，而大抵不外本人事一心之觀念，洗鬼神虛無縹緲之風，以演出此物競天擇實業世界之現象，四通八達，聯絡分明，非止發明西學政藝之策論家，讀之可以引申無窮，即科學堂中，亦宜人手一編，洞徹淵源，以爲根柢之學，較之外國《海國尚友録》，抄撮成書，無裨貫通者，明眼人自能辨之。書成洋裝一册，定價五角，所存無多，遲購即須再版。[二]

所述儘管是書商廣告，倒也恰當地道出了此書的特點。

[一]《新聞報》1903年8月8日、9月12日至30日廣告。《時報》在1906年10月，亦連續多日刊載此書廣告。

[二]《科舉學堂必需〈哲學十大家〉出書》,《新聞報》，1903年9月12日，第4版。

哲學原理

〔日〕井上圓了 著　王學來 譯

哲學論綱

〔法〕李奇若 著　陳 鵬 譯

哲學十大家

〔日〕東京文學士 編　國民叢書社 譯

閩縣王學來譯

哲學原理

閩學會叢書之一

閩縣王學來譯

哲學原理

閩學會叢書之一

哲學原理目次

哲學原理

日本 井上圓了 著
閩縣 王學來 譯

第一章 緒論

哲學之定義

哲學 Philosophy 古有數解。或謂之辨明事物理性之學。或謂之統合諸學之學。或謂之研究原因結果之學。諸說紛紛不一。然就其大體觀之。以哲學區別諸學。亦不甚難。先以理學 Science 辨之。理學者單行之學。哲學者全體之學也。統而言之。物理學爲考究物理性質之學。化學爲考究元素性質之學。天文地理諸學爲考究天地形體之學。以各就其目的而分格其理爲主。若哲學者則所包甚廣。考究之理。皆關於事物全體與理學（即格致學）諸科所考究者。暗相符合。唯不如諸學之分門別類。僅就一事一物。以考究其單行之規則而已。此哲學所以可稱爲統合諸學之學也。若就明於事物性理之義考之。理學雖得與哲學同爲明事物性理之學。然理學不過考究單行之物理哲學則考究諸物理中之物理故或又稱爲原理之學焉其他哲學與理學異者理學以實驗聲色形質爲主至於無形無質在耳目之外者非其學之所及究不得不歸諸哲學即考究物質之性情作用而物質之本體本源理學皆置之不論哲學則斤斤研察之不遺餘力故就其考究者分別兩學理學爲考究有形質之學哲學爲考究無形質之學而有形質者總之曰物質或單稱爲物無形質者對之曰心性或單稱爲心故有人解二學之義謂理學爲物之學哲學爲心之學亦確論也。

物心之區別

凡現於宇宙間事物其種類雖不知其幾千萬而總括之不外物與心二種即前所稱物質與心性是也物質者我所欲知而求知之即致知也故謂之客觀（謂所研究之事物也）心性反之以自明其所知之體即良知也故謂之主觀（謂能研究此事物之心靈也）客觀之一境以在我身體五官之外命曰外界而主觀之一境則在身心之內命曰內界或有名之爲物界心界彼境我境者要之推察宇宙全境無一事一物能離此物心兩界之外也。然考此二者之實體本源物與心性質各異蓋自物不可生心自心不可造物二者之本源。不可不思所以別之。因是於物心外別立一神體。而宇宙實自此物心神三體集合而成。故名此三體爲事物世界之三元。

物心神三元之異同

事物世界既有物心神三元。而本其各體所立之學。亦有三端。如理學爲物之學。哲學爲心之學。宗教爲神之法是也。試引伸之。理學者論究有形物質之學。哲學者論究無形思想之學。其立物質思想之本源神體。用之於事物上者。則宗教也。宗教與理學哲學別有異同。故其一爲教。其一爲學。唯此三者實本宇宙三元而起。故又可稱之爲教學世界之三元。與事物世界有物心神之三元者。實同源異流也。

宗教與哲學之關係。因其性質各有不同。故不待論而知。然其所以異者。宗教以信仰爲本心。哲學以究理爲目的。理學亦然。故哲學理學可以稱學。而宗教不得稱學。僅目爲教也。且宗教以信仰爲本心。主實用。哲學以究理爲目的。主討論。各相區別。其餘所異者尚多。姑置之不論焉。

理學與哲學之關係

次就理學與哲學之關係而敘述之。古昔哲學。不顧事物之考證。不藉理學之實驗。全恃理想。故所言不免空虛。涉於誕幻。至近日則哲學中一理一則。無不藉事物與理學之證據而成。否則基礎必不能立。而理學亦藉哲學以互相發達者也。譬如理學所最要者爲論理。論理不能精密。則理學之發達亦窒。盖理學雖足稱爲實驗學。若缺於思想之作用。決不能考定實驗而發明理法焉。此理學思想之研究。所以必待哲學而理學方始有成也。

其餘若政治法律亦以論理思想爲本。藉哲學之進步以助其發達。更不容疑。要而論之。諸學必藉哲學爲體。哲學必藉諸學爲用。相推相助而相發達。其爲益亦大矣。故有論此關係者。以諸學喻人民。以哲學喻政府。人民之與政府。政府之與人民。互爲維持團結。以成一獨立國之觀。而能創建政府之基礎。爲完全組織者。實在人民。能結合人民之全體而統轄之者。則在政府也。今按哲學與諸學之關係。實與之不稍異同。反而言之。爲哲學之基礎者在諸學。而統轄諸學者。誠不外哲學。即稱哲學爲學問世界之政府。諸學中之王。亦不爲過也。

哲學中諸科之大要

因舉哲學中諸科。述其關係。哲學中有論心性性質作用者。爲心理學。示討論之是然得失爲法程者。有論理學。考究物心神三者之實體本源。明示其有關係者爲純正哲學。其他論道德者爲倫理學。論美術者爲審美學。如社會學教育學之類。茲不暇述焉。

有象無象圖解

然欲分合諸科。不可不知事物中又有有象與無象二種。前已分宇宙事物爲物心兩界。但物者有形質也。心者無形質也。故又分之爲有形無形二種。而考究此二種之學者。一爲理學。一爲哲學。唯屬於無形者不獨一心已也。舉凡物之實體與神之實體。在我耳目感覺之外者。皆屬於無形。然心之無形與神之無形。頗有不同。心之體雖爲無形。而能現示其作用。是爲有現象。神之體則須間接。始能現示其作用。是於直接不有現象也。（如甲授物於乙則爲直接甲授物於乙而託其轉交於丙則爲間接）故無形之事物中。又有有現象無現象二種。因省文曰有象無象。其圖如左。

- 事物
  - 有形（有形質）
  - 無形（無形質）
    - 有象（有現象）
    - 無象（無現象）

其中神爲無象。心爲有象。而又有體象之別。其現示於外界者。謂之心象。即以心性之現象爲義。其爲心象之實體者。謂之心體。心體者。存於現象之外。屬於無象者也。次爲物質。亦有體象之別。色香形質。以物象爲其實體。謂之物體。故物象屬於有形。而物體則屬於無象也。由是觀之。神體心體物體。皆屬於無象可知矣。

純正哲學圖解

今於哲學諸科中。又有分別。其一爲純正哲學。論究無象事物之學也。其餘諸科。則論究有象事物之學。如心理學社會學是也。而自前說所言觀之。又可知純正哲學。論究神體心體物體三者之學。心理學則論究心象之學也。其圖如左。

哲學
- 純正哲學（神體心體物體之學）
- 心理學（心象之學）

實用學與討論學之分類

而有象之學。自心理學外。又有論理學倫理學審美學諸科。欲知諸學有如何相關之理。不可不先知實用學與討論學二種之異同。討論學云者。考究事物之性質作用。以定普通規則是也。實用學則應用其規則。於實際有使令指揮人行之意。故在討論學。僅云甲之規則如此。乙之道理如此。未嘗命人當從此規則。行此道理也。而實用學則不然。要以使人遵行爲主。此二者之所以異同。猶之理學中有物理學。純正化學。天文學。屬於討論學。而器械學製造學航海學。屬於實用學是也。哲學亦有此二種之別。心理學者討論學也。論理倫理等學者實用學也。蓋心理學專究心性之性質作用。以爲規則。不論實際之可否得失也。若論理學與倫理學。則必論思想行爲言動之如何。因定一法程而使人服從之。故謂之哲學中之實用學。

茲更述心理學與論理學倫理學之關係。在心理學分別其心性作用。實有情感智力意志三種。考究此數種性質規則者。所謂討論學是也。而說明此三種實用者。即爲論理倫理審美諸學。析而言之。論情感之實用者。審美學也。論意志之實用者。倫理學也。論智力之實用者。論理學也。其餘教育學。又有智育德育體育之別。即稱智育爲智力之實用。德育爲意志之實用。亦無不可。統之教育學者。又心理學之實用也。

以上諸學。不過涉於箇人。尚與一國一社會無關也。若不論箇人之心性作用。但統言社會上之現象者。則有社會學。然空述現象。近於理想。亦爲討論學之一。其足爲實用學者。則莫如政治學。在心理學中。實屬於意志之實用。唯其與倫理學異者則

在於示一國一社會之關係非示箇人與箇人之關係也此外可附入哲學學科中者不一而足或爲實用學之一部或爲討論學之一部今唯舉其要者

哲學分科圖解

因就普通科中所舉分爲諸科示圖如左其考究事物之實體者爲純正哲學探論現象者爲心理社會兩學故分此二者一曰形而上哲學又曰純正哲學 Transclnd ental philosophy 一曰形而下哲學又曰實驗哲學 prachical philosophy

- 哲學
  - 形而上哲學（純正哲學）
  - 形而下哲學（實驗哲學）
    - 討論學
      - 心理學
      - 社會學
    - 實用學
      - 論理學
      - 倫理學
      - 教育學
      - 政治學
      - 美術學

自此圖觀之形而下哲學有討論學與實用學二種形而上哲學則無之然純正哲學雖非實用學實本爲討論學也故形而上哲學亦有討論與實用二種其爲實用學者可即宗教學是也而人或曰宗教不在哲學範圍之內又曰純正哲學之實用

即形而下哲學。然細觀之。形而下哲學之論理倫理等學。不過純正哲學間接之實用。非其直接之實用也。其直接實用。必在宗教學。宗教能爲世俗所奉仰。雖不在學問範圍之內。然或有高尚之宗敎。由於學理組織而成。足爲學者所深信者。則不可不列入哲學範圍之內也。此節詳於他書。玆姑置不論焉。

然哲學中分爲討論與實用二科者。亦不過示其大要之關係已耳。若欲細別其理。則論理學倫理學雖爲實用之一。而其中亦有用理論者。決非單言實用者。學者可觀其大旨也。

似此分別哲學。因考其關係之故。至如實用學之原理。實自討論學基之。形而下哲學之原理。實自形而上哲學基之。要無容疑。故以哲學全科比之政府之組織。則純正哲學者。實爲政府中之總滙。居於中樞地位。而心理論理等科。不過居於各省政府之地位也。然純正哲學。不可不依形而下哲學爲其分布。譬如中央政府。不可不依賴各省政府。方能成立也。此形上形下兩種哲學。所以必相倚藉。始能發達無已焉。

第二章　總論

純正哲學之義解

以上於哲學與諸學之性質及其關係已略言之。但純正哲學尤爲緊要之事。不可不先究其義解範圍與其目的疑問之所在。哲學義解頗相異。同人不一說。而純正哲學義解。則更進一層焉。盖定哲學義解者。或有謂其爲原理原則之學。以余觀之。純正哲學者實原理中之原理。原則中之原則也。或又有謂哲學爲道理思想之學。實則純正哲學者道理中之道理。思想中之思想也。純正哲學以考究事物本源爲目的。即前所謂物心神三元之實體。固不待言。而究此三元之實體者。實爲諸疑問所歸。故謂純正哲學爲原理中之原理。原則中之原則。非過言也。若必定爲精密義解。則非今日所能。必俟之於異日。何則。哲學今日進步。猶在初級地位。尚未達於極點。將來則未可知也。且吾人日夕所思想行爲者。皆得爲哲學。如研究何者爲哲學。何者爲非哲學。而定其義解。是亦哲學之所當有事焉。但時當今日。其要領實不能豫定也。

純正哲

次考哲學之範圍。亦屬要事。盖哲學要領。可分爲大小兩範圍。諸學盡屬於哲學。爲大範圍。心理論理二三學科。屬於哲學。是爲小範圍。而言哲學者僅稱之爲思想之學。其實宇宙間凡思想之所及。事物之所存。皆哲學也。諸學無一不在哲學範圍之中。而理學諸科。及政治法律諸科。亦不能外。然此僅就哲學全體上論其有大小範圍而已。至於純正哲學之範圍。觀其考究物心神三元實體。爲原理中之原理原則中之原則。其範圍之若何。亦可概見矣。

學之範圍

研究之法

次言哲學研究之法。古代研究哲學與今日研究哲學。其法有二。古代研究之法。專用空想臆斷。以故其說高深幽遠。近於虛無。不能確實。若今日研究之法。基於理學諸科之原理原則。自有形至於無形。無不論及。故其說較爲切實。不涉空誕。是昔人研究哲學者。不顧事物之考證。不藉理學之實驗。一至今日。則大相不同。一理一則。無不基理學之實驗。藉事物之考證。一若哲學非恃理學之助。有必不能成其基礎也者。推之純正理學。其所論固不外形而上之理。研究之者。亦不免流於空想臆測之弊。何也。蓋古代理學未明。對於外界所立原則。多有謬誤之故。時至今日。理學大進。實驗大明。仍其則例。不特得研究之便。且其研究所得。亦大確切。此純正哲學所以必藉理學以互相發明也。

純正哲學之目的及疑問

次明純正哲學之目的及其疑問。夫純正哲學。以推闡事物。發明眞理爲目的。固不待言而知。但其能達於遠大目的與否。一時雖未能斷言。然於今日將其目的之成否。與其從來所經驗之處而推測之。數千年以後哲學有達其目的之日。要不容疑。蓋哲學之始行於世也。實在紀元前數百年時。至今日僅閱二三千年。已大見進步。事理之明。迥非昔比。嗣後學者若再盡力研究。必有一番非常進步。則今日不可知之哲理。他時明之。今日哲學中之疑問。他日雖無盡解之時。亦必十明八九也。且就今日他人所不知之理考之。其中部分果待將來而明乎。抑至萬世之後仍不能明乎。其界限雖不可知。惟自今日斷之。哲學中諸疑問。異日明歟否歟。要無決定之理。而其可決定者。則在學者極力研究之後而知也。凡人知事物有二種。一以可知爲知。一以不可知爲知。今研究哲學者。其中雖有可知與不可知者。然在今日其果爲可知。其果爲不可知。均屬未知之數。是不得不俟之異日研究之後。蓋世人之所謂不可知者。以不知其不可知之理。因謂之不可知。若學者之所謂不可知者。則以知其不可知之理。並謂之不可知。譬如愚者不知其死後之如何。學者亦不知其死後之如何。自其不可知之點觀之。二者雖同。要之愚者之不可知實不知其不可去之理。而學者之不可知。固已知其不可知之理。此其所以異焉。今日哲學不知其不可知之理雖多。然至將來必有知其不可知之理者。是即以不可知爲知也。故余嘗謂哲學之在今日猶屬幼稚時代。若當將來成長之後。其能明知事理達此目的者。要無容疑矣。

然純正哲學之疑問。總不出何者爲神體。何者爲心體。何者爲物體。三種之外。若引伸其義。則世界若何。人類若何。靈魂若何。感覺若何。思想若何。空間若何。時間若何。諸疑問無不因之而起。綜而論之。又不過物心神三者之關係而已。故余以之爲純正哲學要問也。抑更有言者。則在解釋神字之義。蓋世人所常用者。則以造物主宰爲神。若哲學上所用之神字。則非造物主宰之義。其義維何。實以物心實體謂之神體也。因神之名稱。或有不當之弊。故有時以理體理想理性等語以代神體焉。

以上所論。皆自哲學要領順序而下。且爲純正哲學大要。即前所述哲學之義解範圍目的疑問等事皆在要領之中。而純正哲學疑問中之何者爲物體。何者爲心體。何者爲神體。三大問題之外。雖僅舉時間空間（時間空間日本沿用佛經語中國古義以時間爲宇空間爲宙意不甚顯）一問。然尚未說明其理。茲試進論之。

時間空間之理解

吾人觀察世界於物心二元之外。有時間空間之存。孰不知之。蓋古今所及。即時間也。東西所極。即空間也。時間爲縱。空間爲橫。現於空間之中者。有延袤。存於時間之中者。有賡續。間於東西左右之中。謂之延袤。接於過去未來之中。謂之賡續。而有延袤者。物質是也。有賡續。無延袤者。心性是也。蓋物質有大小廣狹。故其體能延袤於空間之中。心性無形質容體。故其體不能延袤。此心性與物質之所以異。而一爲占有空間。一爲不占有空間也。且心性能於過去與將來之間。有所賡續。而物質實亦有此賡續。故物質有空間時間。心性則有空間而無時間也。佛書有竪三世橫十方。竪三世者。時間之義也。橫十方者。空間之義也。因此義解竪而有所賡讀者。故稱之爲時間。橫而有所延袤者。故稱之爲空間。試思吾人生息居處之宇宙。非由此二者團結組織而成乎。余擬其形。譬如經緯兩線相合。織就一端物件。其織物者宇宙也。

經線者時間也緯線者空間也而萬物萬事之現於其間者有如一端織物之中成有種種紋象也故時間空間實爲宇宙二大元

物心與時間空間之關係

由是觀之宇宙二大元既爲時間空間而物心二者果有若何關係乎是又不得不一言也物者空間之中心者時間之內固不待言而明而爲時間空間之一部分者何也蓋時間空間者無涯限物質心性者有涯限故也即如人類始現於宇宙時其在幾千萬年之前雖不可知然廻遡太古之時宇宙間必未生有人類要可決而知也推之吾人今日之在世界能有幾千萬年之久雖不可知而思萬萬世後終有人類滅絕之時亦勢所必至也是非獨人類爲然至於鳥獸草木日月山川無一不有涯際故在前古有未全現之時即在後世亦有終滅之日是可見有心性與無心性者皆有際涯可知也獨至時間則在萬物萬事未現之前已滅之後始終長存要不容疑故時間者可云涉今古而無際涯者也即空間亦然無論物質所存因之而存即物質不存亦因之而存是又可謂亘東西而無際涯者焉物質心性既有際涯而爲時間空間之一部分明矣若必欲驗其故則宜於世界中除去時間空間而後可

時間空間生於思想

但既除去時間空間。物心全歸滅絕。而時間空間依然生存。是物心二者爲時間空間之一部分愈明矣。然則時間空間其在物心之外乎。曰然。試言其理如下。

凡人之生。當其心性開通之時。無不知有時間之存。然能知其時間之所以存者。何也。曰思想之力也。當思想未發達之際。吾人決無知時間與空間無際涯之理。其知之者。全在思想發達之後。然知之亦非知其全體也。不過知其一部分耳。伸而言之即推有限有涯之時間空間以知無限無涯之時間空間之所以存而已。而知其有限有涯之時間空間之存。亦由我目前所見之一二物質。其體有延袤。其變化有賡續而來。推之无限无涯之時間空間之思想。亦因此一部分的物質之延袤賡續而生也。如此定義。可見時間空間。非存於物心之外。實存於物質之上也。若進觀其延袤賡續若何而生。又可知時間空間。皆生於吾人感覺之內。蓋感覺者。自我皮膚所感觸之外物。而因以分別之。故有此感覺。而後始知物質之延袤。然猶不止知物質之延袤已也。即其形狀大小距離遠近。亦無不知。而空間之存留。遂因之而知矣。又如前章所述空間之說。就物質上而有占有空間。與不占有空間二種。而吾人知空間之所存者。實自占有空間次第而知不占有空間之所以存也。質言之。即自一部分之空間。次第而知全體之空間之所以存也。此無涯之空間。所以必藉論理學之推測而明焉。推之時間亦然。蓋吾人感覺實有知時間賡續之力。而外物變化之觸我視聽者。亦因是可知時間賡續之理。然此皆一部分之時間也。若由此一部分時間之思想。進而生全體時間之思想。是又藉論理學推測之力明矣。

綜是思之。無涯無限之時間空間。自吾人感覺而生。固不待言矣。試進一層觀之。時間空間。非自我心中思想來乎。故知時間空間之存。無非我之意識作用。即感覺亦可謂之意識作用也。蓋思想自內而生。感覺由外而至。然有感覺而後有思想。感覺思想。雖分兩途。終歸一致。故均可謂之意識作用。意識作用唯何。即心之所思想感覺而發之於外也。故時間空間。又可謂之生於心性之上焉。

自以上所論考之。凡人立於宇宙之間。放觀天地現象物心萬境。恍如存在時間空間之中。而就時間空間性質驗之。二者實生於物心之上。又不容疑。若能明解物心二者之問題。則時間空間之疑問。亦從之而解。故吾以物心神三元為純正哲學三大要素也。然時間空間問題頗大。斷非此論所可盡。茲不過就時間空間與物心之關係亦其大要而已。至於哲學起源。亦在哲學要領中之一。不可不一置論。

哲學之起源

哲學之生於人思想之中也。實與理學宗教一時並起。若遡其起源觀之。固無諸教諸學之別。徵諸希腊及印度上古史乘。一覽而知。蓋諸學諸教思想之起。實由人心疑懼之念而生。何則。吾人生息居處此無限無涯時間空間之中。仰觀天俯察地。顧思人事。當其先不知物質爲何。心性爲何。吾人於何而來。於何而去。因是疑團百結。畏懼从之交起。況人情每有好奇之心。與推求原因之念。思欲析吾疑。解吾惑也。由是於想像上有立一創造主宰之力。爲物心萬境之大原。以定萬象萬化。自是而生。此世所以始有宗教思想也。及人智漸進。知此大原因不足以釋其思想之惑。於是疑團更起。復於道理上搜索宇宙之原因。是又理學哲學之所以起也。而因理學哲學之進步。宗教思想亦從而高。蓋宗教始立之時。本設一神體。其神體雖有形質。與感覺。（謂示靈於人使人有所感覺也）可信。然自理學哲學思想進步。而宗教思想亦次第自有形入於無形。自有質入於無質。想像上之宗教。次第進而爲哲學上之宗教。是亦可稱爲情感的宗教進而爲智力的宗教也。

宗教爲哲學同異

然宗教與哲學理學其起源雖一。其所以相異者。實由宗教僅定一原因。不問其原因之原因。而哲學與理學反之。既得一原因。復究其他原因。所謂於原因上復求其原因也。申言之。宗教尙信。以安心爲目的。理學哲學尙疑。以究理爲目的。而純正哲學。則以究理中之究理爲目的者。倘如前章所謂論究原理中之原理。原則中之原則而言。則純正哲學固與宗教大異其性質。然以余觀之。純正哲學與宗教實頗有關係。蓋純正哲學素以何者爲心體。何者爲物體。何者爲神體。孜孜考究。若推其理而應用之於實際。至立一安心之目的。是卽宗教也。唯此所云宗教與世俗所云宗教異耳。故余稱世俗宗教爲情感的宗教。而純正哲學實用之宗教則稱之爲智力的宗教。要之哲學與宗教同其起源。亦非全異其關係者也。

宗教之原理與其圖解

宗教之論。以非本書大要。故稍畧之。但言純正哲學。不可不少述宗教之原理。以示其關係。宗教原理。歸之僅有二途。一爲時間上之論。一爲空間上之論。蓋宗教思想之始。實起諸人。前已畧言之矣。但惑於物心之本源若何。而定其原體。實有二種意見之存其一則豎推太古之始以爲天地萬物其初當自一體分派而下由是於宇宙之外恍若有天神在此即所謂時間上之論而余謂之爲時間上之解釋者也其一則橫覽萬物萬境之原體以物體與心體爲其本源又即所謂空間上之論而余稱之爲空間上之解釋者也今就世界所行諸敎考之耶蘇敎實用時間上之解釋佛敎則用空間上之解釋即如耶蘇敎以立天地當有原始必不可無創造主宰萬物者是其敎所以立有造物主也而余因謂之爲有始有終論有始有終論者謂天地萬物有終始之論也佛敎反之謂天地萬物非自創造而成實自無始而存故謂之爲无始无終論至於空間上之解釋耶蘇敎則於客觀上立物心二元而定此二者爲各異佛敎則於主觀上論心性之本體以二元之體爲一謂物界成立於心界之上故余於物心異體論稱爲客觀論或稱爲物心二元論其物心同體論則稱爲主觀論或稱爲唯心一元論其圖如左

世界解釋
- 時間上
  - 有始有終論（耶蘇敎）
  - 無始無終論（佛敎）

空間上 { 物心二元論（耶蘇教）
　　　　 唯心一元論（佛教）

就此圖案之。耶蘇教以空間上物心二元論爲主義。立物心二者本來之別。因更溯其本源。於時間上立一創造神。佛教則於時間上萬物之本源。以旡始旡終爲主義。更考空間上物心二元之原體。立爲唯心一元論。是皆宗教起立之時。必先定天地萬物之本源本體。以爲其立教主義也。即如前所論宗教之立與哲學同其起源。而自哲學上觀之。彼所立有始有終論於天地萬物之外。別立一造物主宰。是未免爲想像上之宗教。假令釋以種種理解。亦不外爲情感的宗教中之最發達者也。何得爲智力的宗教。此余所以無論如何。必目耶教爲情感的宗教之一種焉。然如此所論。已別見於余（著書人自稱也）所著佛教汎論中。故略之。

以上所述於純正哲學之義解範圍目的疑問諸關係。已詳言之。嗣是再述學派之種類及分類法程。以實我哲學論焉。

哲學之派別

古來學者論斷神物心三元之實體及其關係。諸說紛紛不一。以是東洋有東洋之說。西洋有西洋之說。支那有支那之說。印度有印度之說。希臘有希臘之說。英國有英國之說。即釋迦孔子韓圖斯賓塞等說是也。此外又有唯物之說。唯心之說。感覺之說。虛無之說。一元之說。二元之說。理想之說。實體之說。本然之說。經驗之說。或又立爲歸納哲學。演繹哲學。實驗哲學。常識哲學。諸名目。而就以上等說。畧解其義。則唯物論者。謂物之外無心。世界皆自物質而成者也。唯心論者。謂心之外無物。世界成立於一心之中者也。感覺論者。謂感覺之外。無內外兩界。而物心二者。皆自感覺分派而生者也。虛無論者。謂物與心。皆不足爲實體。所謂無元論是也。至若一元論。則於物心二者之中。立其一說。唯心唯物論。即一元論是也。二元論。則立物心二者之論。以物心爲兩立對峙者也。而於物心之外。立理想本體者。則謂之理想論。於物質現象之外。立物質之實體者。謂之實體論。唱人智自有生而來者。本然論也。論人智自閱歷而生者。經驗論也。若主於哲學論究。用歸納之論理法者。則謂之歸納哲學。用演繹之論理法者。則謂之演繹哲學。其餘若論究哲學。專明形而下之問題。不涉於形而上之問題。僅就理學研究之規則而討論之。是則實驗哲學也。不用高尚

哲學之內部外部兩分類

深遠之空理。專用宜於常人見解者。是則常識哲學也。

若再就以上諸說而分類之。其法有二。一則就歷史上言之。即地位上之分類是也。一則性質上言之。即組織上之分類是也。易而言之。其一則爲外部之分類。其一則爲內部之分類。

哲學外部之分類

玆先演外部之分類如下。

- 哲學
  - 東洋哲學
    - 支那哲學
      - 孔孟哲學
      - 老莊哲學
    - 印度哲學
      - 佛敎哲學
      - 婆羅門哲學
  - 西洋哲學
    - 古代哲學（希臘哲學）
    - 近世哲學
      - 大陸哲學
        - 德國哲學
        - 法國哲學
      - 英國哲學

如上圖即關於地位上及歷史上之分類是也。故謂之地位上之分類。或謂之歷史上之分類。如分東洋與西洋二種。即地位上之分類。如分古代近世二種。即歷史上之分類。古代哲學本有希臘羅馬二派。然羅馬哲學不過承希臘之餘波。故舉希臘哲學。而不舉羅馬。大陸哲學。亦有法國德國二派。然足以獨立者。則德國哲學爲最焉。

哲學內部之分類

次舉內部之分類若何。內部分類皆有種種次第。或有以實體學派心理學派論理學派爲次第者。或有以唯物論唯心論爲次第者。或有以一元論二元論及理想論常識論本然論經驗論爲次第者。其法不一。以予所見。設分類如左方。似於各派關係稍明焉。

- 學派
  - 無元論（一名虛無論）
  - 有元論
    - 一元論
      - 唯物論
      - 唯心論
    - 多元論
      - 二元論
        - 物心異體論（又名物心兩立論）
        - 物心同體論（又名物心一體論）
      - 三元論

其中三元論。即前所云神物心三者實體幷立是也。二元論中之物心同體論。謂物與心其體同。而其象異。物心異體論。謂物心之體象共異者也。是皆哲學之內部組

哲學之三斷法

織即予前所述之哲學諸說亦明此組織也今欲知其組織所由起不可不先知哲學思想之發達原因思想之發達有一定之規則其規則維何則論理學所云三斷法之規則是也三斷法即正斷反斷合斷之謂試舉其例如有甲說起而非甲之說因之而起甲與非甲兩說相爭而有綜合論斷此二說者此乙說所由起也其圖左如此。

此名三斷法即甲爲正斷非甲爲反斷乙爲合斷三說相對自論理學斷定之爲單式若多數之單式相合爲複式其圖如左。

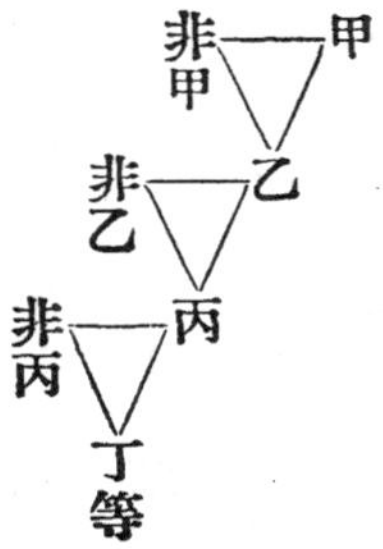

三斷法有複式錯式之別

又其組織之法。有大小兩三斷。互相重疊。謂之錯式。即於甲與非甲與乙大三斷之各斷之下。又爲小三斷形之謂也。此複式及錯式。構成哲學之組織。是即吾人思想發達之自然規則焉。而哲學組織之從此規則而發達也。自其思想之學例之。如先有二元論。反之者有一元論起焉。既有一元二元兩論。而綜合論斷此二者。則有同體論因之而起也。又如有唯心論。復有唯物論。兩論並立。而取二者之中。則有理想論生。有本然論。有經驗論。兩論對峙。則有折衷論出。議論分之愈多。精理研之愈明。支那哲學印度哲學西洋哲學。其內部之組織。無一不由此規則而發達者也。

性善性惡論之三斷法

今更就性善性惡論。示其關係。孟子唱性善論者也。荀子唱性惡論者也。互相爭駁。究未明晰。而聯絡此二說者。則有揚雄之善惡混說。起而對之者。復有韓愈性三品之說。性三品說者。謂善惡有別之說也。次此善惡混與善惡別之說者。又有程朱本然氣質之說焉。演圖如左。

佛教之三斷法

是又即三斷法也。佛教亦然。佛教有大三斷小三斷二種之關係。即前成爲錯式之謂。大三斷者小乘爲有門權大乘爲空門。實大乘爲中此有空中者即正反合三斷也。而小三斷者。小乘中俱舍爲有門成實爲空門。而對之者大乘爲中大乘中法相爲有門。三論爲空門。華天爲中。此有空中之三斷相合而成佛教之組織。即西洋哲學。亦皆由此規則於以發達焉。推之希臘在希臘諸說相合成三斷之關係。推之近世在近世諸說相合亦成三斷之關係就哲學史考之可一覽而知也。

第三章　結論

東西哲學源流之同一

凡思想之發達不問人種地位之異同要必從同一之規則。故考其發達所得結果。大抵相同以是比較東西兩洋之哲學其流派實多類似。即爲西洋學者今日所唱諸說。爲東洋學者所嘗論支那學者古代所論諸說。亦爲希臘學者所已言者也實而言之。西洋學者之論理學。與印度之因明法同其類。希臘諸儒之道德學與支那之孔孟語同其趣。佛教唯心論眞如論同於德國諸家之說。老莊申韓言論篇籍。亦與西儒諸說相彷。又如西洋有自愛說。東洋亦有之。東洋有良心論。西洋亦有之是

蓋因人智之進步大抵同其方向思想之發達大抵同其性質者焉

東西哲學同時發達之時代

又凡英雄崛起與學者挺生每有一定之運會苟其運會所及無論東西中外人材輩出諸派諸學無不競起一時而哲學思想之發達亦猶是也當其運會極盛之時曠化之哲學者起於四方而哲理一時大見發達及其机一過雖閱數百年之久曾無一人學者之出其間如印度在釋迦前後時代及龍樹世親前後時代諸家輩出異論競起哲學思想極見發達至中世以後唯傳述舊說而已未嘗見有新說興起者至如支那自東周以後至秦之世學者聯翩輩出諸學競於一時至漢以後稍衰及宋再盛宋以後復不見有新說出而嗣是之後士大夫競溺於詞章考據之中實無所謂學焉又如希臘在上古時文化大盛諸學諸術皆極發達而自中世至近世間凡千餘年之久古代文化掃地無存絕不見有哲學思想發達者而至西洋諸國自近古十五世紀以後諸學大起哲學亦盛由是觀之哲學之發達或有一定之氣運可知也且其氣運非限於一國一社會而止推之東西諸大洲一時皆見其發達即如紀元前三四百年代於希臘當梭格拉底柏拉圖亞里士多德諸氏之時於支

那當孔孟老莊楊墨荀韓之時。於印度當馬鳴龍樹無著世親之時。東西同時文化勃興。哲學思想大見發達。不可謂不奇也。然如此一例。雖屬偶然符合。而在一國一社會中。其氣運有盛衰者。要必有必然之原因情事。予自是更述其原因情事。以示學者焉。

一國與社會哲學發達之原因

如驗無機體物之變化作用。其以異多元素互相集合分解而成。必有種種理由。要不容疑。譬有甲之一種元素。又有與甲同性質之元素攙和其中。不能見其變化作用。固不待言而明矣。若以異其性質之一種元素加之。則必現化學作用。即有機體物之變化發達亦然也。蓋凡有機體物之能組成其體質也。實由物與物競爭而來。而後始足供天擇。即如異種諸元素相合之後。其中必生變化。變化一生。其中必起競爭。競爭一起。而後始得以新勢力日爲發達進化焉。推之社會之發達。亦由他社會與此社會之競爭而成。然考察其元素之由來。實自箇人與箇人競爭始。而諸學諸思想之發達。亦不外此理。故變化競爭者。實進化之第一原因也。學者競爭於學者之間。思想競爭於思想之際。世界文化因以大進。而究其文化所以大進者。則在新思想加於舊思想之中。故非新舊兩思想相合。其間變化不生。變化不生。則競爭不起。競爭不起。斷不能以新勢力催其發達也。如古代希臘文化。實自他邦新元素之入其間。支那宋朝文化。實自印度佛教元素之加其間。西洋近世文化。亦因航海通商之道大開。他邦文化輸入者不尠。是可見文化之發達。實由他社會之新元素輸入。互爲變化競爭明矣。此予所以以競爭爲文化之第一原因也。然而變化競爭之起。亦有不因他社會之新思想鼓激摩盪而來者。即在一社會中互相變化競爭而生一新思想。其始生也。實由小變化小競爭而起。次第及於大變化大競爭。是亦必然之勢也。按之支那春秋戰國時代。諸儒蠭起。固非自他邦之新思想輸入。唯其一國之間思想而思想競爭不已。至迫爲文化興起。一時諸學遂極發達。且在春秋戰國時。不獨文學起新思想而生競爭也。即文武二者之間。亦競爭大起。風潮之盛。達於極點。降至戰國。武功一興。駸駸然有壓文化之勢。及反動力起。抵抗一時。而文化乃較前更盛。遠有勢力。是即春秋戰國間之實況也。其在他國。文化之起。亦必始於思想之競爭。自小而大。自微而顯。其極也。使一社會之文化。興起無已。是又不俟論而知矣。

要之以上所論文化之發達。由於變化競爭。而新思想之輸入。或自他國。或自本邦。此固其原因情事也。若言其詳。實有多端。如氣候地理政治宗教言語風俗通商交際等事。亦皆足爲原因之一事。故欲知其情事若何者。不可不知各國當時之情事。且其情事因國而異。實難一概。若更欲究其明細。宜就各國歷史上詳爲考察。則瞭如指掌矣。

此僅就文化之發達。論其原因情事已也。若言哲學思想之所以發達。亦不外是。蓋哲學思想實隨文化而起。文化發達。哲學思想亦必發達。且無形與有形者。常相依倚。於一方有有形之發達。必於他方有無形之發達。即如學者爲學徒恃理想。不求實際。必流於虛學。徒藉實際。不生理想。必泥於形質。故有理想而實際始能進步。有實際而理想方得發明。二者互相爲因。實互相爲果。凡事皆然。要不能諱也。印度古代之文明。非獨無形思想之發達也。有形文化亦大發達。西洋近世之文明。非獨有形文化之發達也。無形思想。亦大發達。若更進論之。則有形文化。實出自無形思想。

假如無思想何以知文化之若何而行若何而布乎。由此觀之。思想之助文化發達。實不爲少。是文化之發達。可謂之思想之發達焉。故無論何國。僅觀其文化之發達。即可知其國學者之思想何若。並可知其國哲學之高尙完全與否。蓋思想實爲哲學大綱也。然各國之情事有時與此異者。是別有故在。何則自哲學論之。無形之發達常在先。有形之發達在後。乃爲常理。而有有形之發達在先。無形之發達反在其後者。又有無無形之發達。反有有形之發達者。是則由國本無哲學思想。因他邦文化所及。輸入國內。丐其餘瀝。變化一二。學者苟詳考其國之當時情事。自知梗概。要不得執之爲哲學常例焉。

第四章 附錄

泰西歷史上哲學之發達

希腊哲學始於德黎 Thales。爲泰西哲學家之遠祖。至紀元後。則爲羅馬哲學時代。然不過承希腊餘波而已。實無哲學價値也。及近世以來。始爲希腊哲學復興興代。其能爲哲學界放一大異彩者。唯英國倍根 Bacon。法國笛卡兒 Descartes 二氏。近世言哲學者所奉爲泰斗也。西洋哲學自西曆紀元前亦世紀。至紀元後十世紀。爲上古哲學時代。其中又分爲希腊哲學時代。自紀元前亦世紀。至有今日。凡歷二千五百餘年。其間千四五百年。哲學純緒。幾至中絕。而至今日則繼軌並興。厥旨大暢。有蒸蒸日上之勢。不可謂不盛矣。

西洋哲學在上古時代、可分爲三期。一爲萬有哲學時代。一爲社會哲學時代。一爲宗敎哲學時代。自希腊哲學初祖德黎。至梭格拉底 Socrates 肘。論世界萬有之起源者。萬有哲學時代也。自梭格拉底至懷疑派出。論人類之智識與道德。爲哲學問題之中心者。社會哲學時代也。自懷疑學派 Spesulatire Philosohhy 至中世。專論宗敎與哲學之關係者。宗敎哲學時代也。淙而言之。古代哲學之中興。由於梭格拉底。希腊哲學之末葉。在乎懷疑學派。蓋學派之有懷疑。實由過渡時代使然耳。過渡時代既終。而新學派以出。即近世哲學時代是也。

近世哲學亦分爲三期。曰復興時代。曰新建時代。曰完備時代。復興時代。自希腊哲學再興。至倍根笛卡兒二子繼起之期。其間雖有發明新哲學者。要不過爲近世哲學準備時期。不足以概此時代也。至於新設時代。則自倍根笛卡兒以後至康德之世。尚不尙舊學而別立一新義。是爲近世哲學之濫觴。倍根唱經驗主義 Empiricism 爲英國經驗派之開祖。笛卡兒唱獨斷主義 Iogmatism 爲大陸先天學派之開祖。其後西洋哲學。似分爲經驗獨斷二派。然經驗派每隔於謙謨 Hume 氏之懷疑論。獨斷派每流爲里伯尼士 Leibnitz 氏之合理論。二者皆偏於極端。不甚完備。及康德出而統合之。別立一批判學派 Critieal Philosophy。折衷諸說。組織爲一大完全哲學。故自康德氏以後。至於今日。可稱爲完備哲學時代。其名爲完備時代者。不過較以前稍爲純粹耳。君欲求其盡美盡善。須俟之數千萬年後也。要而言之。中興古代哲學者爲梭格拉底。中興近世哲學者爲康德。西洋之有梭格拉底康德。猶之東洋之有釋迦孔子也。謂之爲東西哲學界之四經。不其然哉。

泰西哲學諸家之學說

泰西哲學學說。肇於希臘之德黎。德黎學派。曰亞依阿尼學派 Ionie。謂世界萬物之根原。其始爲水。及畢達哥拉斯 Pythagoras 出。則以數爲主。謂世界萬物。其始皆成乎數物理學派Phi Losophere鉅子。額拉吉來圖Herac Leitus出。則大反其說。謂世界以單簡之物而成。故以火爲主。唵披鐸黎 Empedocles 氏廓之爲地水火風四元之說。底摩克里 Democritns 氏則唱元子成物論 Atmistic 謂地水火風俱由元子而成。（元子中國化學書中詳爲阿屯）甲倡乙駁。辯論紛紜。莫衷一是。至其極而有詭辯學Sophism之一種懷疑派者出。於是萬有哲學時代告終。而社會哲學時代始矣。

社會哲學創於梭格拉底。梭格拉底既排斥詭辯學。因將前世紀之萬有哲學一變而爲社會哲學。社會哲學者。講求倫理與教育之理也。哲學界形勢既以倏變。而於梭氏門下有靑勝於藍之觀者。柏拉圖 Plato 其人也。柏拉圖發揮師說。復將前人哲學調和而折衷之。自立一家。曰理想哲學。其徒亞里士多德 Aristotle 非之。以其流於虛無而不近實際也。因復創一新哲學。專就事物上論之。其學說區別爲二。一曰形而上哲學。一曰形而下哲學。亞氏學博識高。至今言希臘哲學者。無不奉爲圭臬焉。

要之二家皆爲希臘哲學之關鍵。柏拉圖以深遠勝。亞里士多德以正確勝。二家各有所長。實未易軒輊也。至其學說之傳於近世者。柏拉圖學說。爲德國哲學之祖。亞里士多德學說。爲英國哲學之宗。同時又有斯圖依 Stoicism 伊壁鳩魯 Epicureanism 二派並行。一本萬有規律之意。以嚴肅道德爲教。一取元子成物之論。以樂利主義爲歸。互相爭辯。眞理以明。實爲近世倫理學之基礎。以上四大學派之結果。乃轉而爲懷疑。此派依違眞理。輕蔑道德。實爲哲學衰頹之時代。倍根笛卡兒二氏出。而哲學始如日中天矣。

自倍根氏出。發揮經驗主義。其後繼之者。有霍布士 Hobbes 之道德上自利教。陸克 Locke 之心理上感覺論。二者皆經驗學派之鉅子。而能光大倍根氏之學說也。陸克學派。復分出數支。一爲卜忌利 Berkerey 之唯心學派。一爲謙謨之懷疑學派。一爲瑕特黎 Hartley 之心理學派。至於彌爾 I.S. mill 父子 I.mell 者彌爾之父也 斯賓塞諸家之說。又承陸克學派之餘波者也。霍布士之自利學。亦分爲數派。一則蘇格蘭乞志遜 Hutcheson 氏之良心學派。一則里德 Reid. 之常識學派。里氏之說。常與卜忌利謙謨反對。以開蘇格蘭學派系統。自斯底瓦爾特 Stewart 布拉温 Brown

至瑕黴爾敦 Humilton 。而蘇格蘭學派遂進步矣。此英國哲學之梗概也。
次徵之大陸哲學。自法國笛卡兒氏一出。開獨斷學派。而荷蘭哲學者斯拚挪莎
Spinoza 繼之。唱爲一元論 Uonism 。傳入德國。而里伯尼士因之而起。氏以元子
開發之理。爲先天之知識。與陸克氏所說。大相反對。烏阿爾夫 Wolff 復繼之。至康
德出。乃破謙讀之懷疑論。將經驗獨斷兩主義。統合而調和之。以成爲批評哲學。自
唯心論 Idealiem 進而爲唯物論 Materialism 。使哲學界別開一生面。其學派相傳
爲夫依希得 Fiehte 之主義論。菟林古 Schelling 之絕待論。希格爾 Hegel 之理想
論。理想既達於極點。而反對系統之論起矣。前者爲耶固卑 Iacobi 之直覺論。菟拉
意爾 Schleiermacher 之感情論。後者爲希爾巴 Herbart 之多元論。瑣朋哈烏爾
Schopenlıauer 之意志論。洛吐 Lotzei 之元子論。前後互相辯駁。哲理愈瑩。藉非獨
出心裁。不具奴性。學界進步。烏能如是之速且大也。統觀以上諸家學說。類皆深切
著明。與人智識不尠。如康德之唱道德。夫依希得之力伸人權。菟林古之討論美術。
希格爾之研究論理。又如菟拉意爾之尙宗教。希爾巴之主教育。皆有左右社會之

能力。其後若哈特曼 Hartmann 統合希格爾瑣朋哈烏爾兩學說。而成爲一家。哲學學者之盛。更僕難數。自康德以後德國當時之哲學界。實如百卉爭春。有競秀鬭姸之象焉。

法國自笛卡兒獨斷學派以來。門徒之祖述其主義者甚夥。反對唯物論之說。因之蠭起。然當時與笛氏主義不同而雜出其間者。前有干森德 Gassendl 之唯物論。後有康的力 Condillae 之感覺論。其他如自利說之希爾維打士 Helvetins。唯物論之加巴尼 Cabanis。接踵而起。至克沙因 Cowsin 出。復將數說折衷之。而根特 Comte 之實驗學派。因之而出。是皆能爲新哲學界中放一大光彩者也。根特之學。專尚實驗主義。一脫舊學派窠臼。爲近世哲學界革命先導。其功亦不在德儒康德下也。故論近世哲學史上之豪傑。必推法儒根特與德儒康德爲首。根特實驗主義。流入英國。而成爲斯賓塞之進化哲學。其在道德上之學說。則造成邊沁 Bentham 與彌爾之功利主義及樂利主義。皆爲學界所大歡迎。是亦可謂道德上之實驗主義也。其初獨斷主義盛行於德意志。經驗主義盛行於英倫。兩國學派。旗鼓相當。各有特色。至近世則德國專尙斯賓塞（英人）之實驗學派。英國則專尙希格爾（德人）之理想學派。哲學之興。正未有艾也。

泰西哲學家年表

希臘哲學家

德黎 Thales 希臘微列他斯人常遊歷諸國既歸講求哲學爲亞依阿尼學派Ionie鼻祖紀元前六百四十年生五百五十年卒

亞諾芝曼德 Anaximander 與德黎同縣紀元前六百一十年生五百四十七年卒

亞諾芝緜尼 Anaximenes 亞諾芝曼德門人紀元前五百八十一年生五百二十四年卒

畢達哥拉斯 Pythagoras 希腊沙摩士人也常遊學於埃及亞細亞諸邦歸立一學派曰意大利 Italie 意大利者因地而名也或稱之曰畢達哥拉斯學派紀元前五百八十二年生五百年卒

芝諾芬尼 Xenophanes 小亞細亞或云安息人後居意利安地立一新學派名曰意利安 Ele tie 氏其開祖也紀元前五百七十年生四百七十八年卒

巴彌匿智 Parmenides 祖述芝諾芬尼學說爲意利安學派中後起之秀紀元前

五百十五年生卒年不詳

芝諾 Zeno 爲巴彌匿智高足。傳紹意利安派之學。紀元前四百九十間生。厥後又有立斯吐依學派者。則與氏同名異人也。

額拉吉來圖 Heracleitus 希臘意夫沙斯人。與巴彌匿智同時。自成一家。謂之物理學派 Natural Phi Losophers。紀元前五百三十五年生。四百五十五年卒。

唵披鋒黎 Empedocles 希腊雅典人。亦自成一家。即物理學派之一也。紀元前四百九十五年生。四百三十五年卒。

安那薩哥拉 Anaxagoras 格拉朱米尼人。其說與額拉吉來圖唵披鋒黎相吻合。亦屬於物理學派者也。紀元前五百年生。四百二十八年卒。

黎烏揭菩 Lencippus 與安那薩哥拉唵披鋒黎同時。爲分子學派 Atmisti 之開祖。生卒年代不詳。

得克里他士 Democritus 黎烏揭菩弟子。傳分子學派者。紀元前四百六十年間生。

普羅特哥拉 Protagoras 亞布底人。詭辯學派 Sophism 之祖。紀元前四百八十年生四百一十年卒。

哥爾遮斯 Gorgias 里温知尼人與普羅哥拉斯氏同唱詭辯學者。紀元前四百八九十年間生壽百歲。

梭格拉底 Socrates 雅典人品學兼優。有泰西孔子之稱。後以事觸政府忌諱。下獄飲酖自殺。生平無著述。其門徒拍拉圖 Plato 及芝諾芬温 Xenophon 傳其學說。紀元前四百六十九年生。三百九十九年卒。

憂克里底斯 Euclides 孟加拉人亦梭格拉底門徒之一。後立孟加拉 Megarian 學派。卒於紀元前四百二十四年。生年不詳。

夫意吐 Phaldo 意里士人梭格拉底之徒。立意里官 Elian 學派。

安持斯得黎士 Antisthenes 雅典人。入梭格拉底之門。別開一細尼學派 Cynic。紀元前四百四十四年生。三百七十一年卒。其徒爲台阿芝黎士 Diogenes。

亞里斯帖普 Aristippus 細蓮人。受業於梭格拉底。因自立一細蓮禮學派 Cyrenaic。生卒年日不詳。

柏拉圖 Plato 雅典人。梭格拉底之高弟也。在其門凡十年。師死後因遊歷列國。既歸開設學會於亞加知微 Academy 地方世稱之爲亞加知微學派。紀元前四百二十九年生。

亞里士多德 Aristotle 斯坦只拉人。年十七從柏拉圖遊。柏氏門徒之最翹楚者。後爲亞歷山大帝師傅。當帝征伐印度之後。設立學校。聚徒授學。有逍遙自得之意。時人謂之爲逍遙學派 Peripatetic。紀元前三百八十四年生。三百二十二年卒。

芝諾 Zeno 沙布拉斯島人。及長遷於雅典。入細尼學派。厥後於斯圖依地自立一斯圖依學派 Staic 紀元前三百四十二年生。二百七十年卒。

克林底斯 Cleanthes 克林西拍斯 Chrysppus。皆斯圖依學派之繼起者。一生於紀元前三百三十一年。卒於二百五十一年。一生於紀元前二百七八十年間。卒於二百五六年間。

伊壁鳩魯 Epicurus 沙摩斯人。承得克里他士之學說。別成爲一派。設立學會曰伊壁鳩魯學派。紀元前三百四十一年生。二百七十年卒。

阿克西拉 Arcesilaus 紀元前三百十五年生二百四十年卒加尼底士 Carneades。紀元前二百十四年生百二十九年卒皆爲新亞加知微學派之祖。

底阿夫拉他士 Theoprastus 紀元前三百七十三年生二百八十年卒亞里士多細那 Aristoxenus 斯多拉吐 Strato 二子生卒月日不詳皆繼紹亞里士多德學派者也。

皮洛 Pyrrho 懷疑學派 Scepticism 之祖紀元前三百六十年生二百七十年卒稱爲懷疑舊學派其爲懷疑新學派者一爲意黎西底馬 Aenesidemus 耶蘇紀元初人一爲細溪斯他士 Sextus Empiricus 紀元後二世紀人皆此派之鉅子也。

黎阿柏拉圖 Neo Platonism 學派自耶蘇紀元第三世紀至第五世紀間盛行於亞歷山大府。

撰擇學派 Eeleetie 折衷派諸學說別立爲一派即由黎阿柏拉圖學派中分出者也。

煩瑣學派 Scholastie 中有二子一爲意里芝那 Earezena 八百十年生八百七十

七年卒。一爲麥奴士 Malles 一千一百九十三年生。一千二百八十年卒。

近世大事略紀

十字軍 Crusades 前後凡八次。始於一千九十五年。終於一千二百九十一年。

沙拉森帝國 Saracln Empire。七百五十五年起於西班牙。一千二百五十八國亡。

一千四百五十三年古文學再興 Revival of Lellers。

一千三百年時代封縣制廢 Dcline of Feudalim。

一千四百三十八年發明印刷術 Invention of Printing。

一千四百九十二年發見亞美利加洲。

一千四百九十七年直航印度。

一千五百十七年改革宗教之亂 Reformation。

英吉利哲學家

倍根 Bacon 倫敦人。修學於牽布里大學校。後遊法國。學問大進。聲名藉甚。晚年退隱於倫敦城外。氏博學多識。爲經驗學派 Empiriesm 之開祖。一千五百六十一年生一千六百二十六年卒。

霍布士 Hobbes 馬爾米士巴地名敎徒之子。修學於阿克士天。後爲皇族師傳其學說以唯物論 Uaterialism 爲主義。

陸克 Locke 修學於阿克士夫。所著書有人智論一編。書分四卷。成於一千六百九十年。世多稱之。

奈端 Newton 爲物理學派之祖。因墜苹而發明地球引力者也。一千六百四十二年生。一千七百二十七年卒。

克拉克 Clarke 一千六百七十五年生。一千七百二十九年卒。

邪索斯非的士比里 Shafteslury 倫理學派之巨擘。一千六百七十年生。一千七百十三年卒。

乞志遜 Hutcheson 愛爾蘭人。亦倫理學派中之一也。一千六百九十四年生。一千七百四十七年卒。

卜忌利 Berkeley 英國敎士。一千七百九年著視力論。其翌年復著人智原論。爲唯心派 Idealism 之祖。一千六百八十五年生。一千七百五十三年卒。

謙謨 Hume 蘇格蘭之大哲學者。著有人性論一書。一千七百三十八問世。生於一千七百十一年。卒於一千七百七十六年。

里德 Reid 蘇格蘭人。古拉斯根大學學長。著有人心論一編。提倡常識論 Common Sense Philosophy 者。

斯底瓦爾特 Stewart 蘇格蘭人。一千七百五十三年生。一千八百二十八年卒。

布拉温 Brown 蘇格蘭人。一千七百七十八年生。一千八百二十六年卒。

瑕特黎 Hartley 連合學派 Associetionalism 之鼻祖。一千七百五年生。一千七百五十七年卒。

皮里士利 Priestley 一千七百三十三年生。一千八百四年卒。

彌爾 I. mill 英國之哲學者。著有心象分析論。唱感覺學說 Sensationalism。一千七百七十三年生。一千八百三十六年卒。

彌爾 I. smill 英國之哲學者。兼長于論理學及經濟學者也。著有論理論·及政治經濟原理·自由之理·男女同權論諸書。一千八百〇六年生。一千八百七十三年卒。

瑕美爾敦 Humilton 蘇格蘭人。嘗爲倫理學哲學教習。一千七百八十八年生。一千八百五十六年卒。

復移里依爾 Ferrier 蘇格蘭人。一千八百八年生。一千八百六十四年卒。

達爾文 Darwin 英國物理學派之泰斗。著有生物起原論等書。一千八百九年生。一千八百八十二年卒。

斯賓塞 Spencer 英國達維縣人。今尚在。其學說以社會主義爲宗旨。著有社會平權論哲學原理等書。一千八百二十年生。

法蘭西幷荷蘭哲學家

笛卡兒 Descartes 數學哲學皆爲世所推崇。主唱二元論 Dualism 者。世稱其學派爲獨斷學派 Degmatism。一千五百九十六年生。一千六百五十年卒。

干森德 Gassendl 亦以數學哲學名世者。其哲學說常與笛卡兒反對。一千五百九十二年生。一千六百五十五年卒。
焦連士 Geulinx 笛卡兒弟子。一千六百二十五年生。一千六百六十九年卒。
馬利伯蘭斯 Malebraache 笛卡兒弟子。一千六百三十八年生。一千七百十五卒。
斯拚挪莎 Spinoza 荷蘭人。初爲猶太人種。後入耶蘇教。主唱萬有皆神教 Pantleism 者。即一元論 Manism 是也。一千六百三十二年生。一千六百七十七年卒。
康的力 Condillae 法國感覺派之鉅子。一千七百十五年生。一千七百八十年卒。
希爾維打士 Hebvetins 法國之唯物學派學者。一千七百十八年生。一千七百七十一年卒。
加巴尼 Cabanis 法國人。一千七百五十七年生。一千八百八年卒。
克沙因 Cousin 巴黎人。後往德國考究韓圖諸家之學。既歸因自立一學派。一千七百九十二年生。一千八百六十七年卒。
旨和洛鴉 Iouffroy 克沙因門徒。一千七百九十六年生。一千八百四十二年卒。
康特 Comte 實驗哲學 Positivism 之鼻祖。著有實驗哲學大全一書。凡閱十年始成。一千七百九十五年生。一千八百五十七年卒。

德意志哲學家

里伯尼士 Leibnitz 嘗遊巴黎倫敦各處。交結當時學者。以哲學數學著名。專主元子論 Manadology 者。一千六百四十六年生。一千七百十六年卒。

烏阿爾夫 Wolff 前爲柏林大學校敎習。一千六百七十九年生。一千七百五十四年卒。

康德 Kant 德國之大哲學者。著有純理批判·實理批判·斷定批判·三書。世人稱其學爲批判學 Critical Philosophy。一千七百二十四年生。一千八百四年卒。

巴美 Bohme Iacob 德國神秘學派之翹楚。一千五百七十五年生。一千六百二十四年卒。

邪固卑 Iacobi 看特之門人。一千七百四十三年生。一千八百十九年卒。

夫依希得 Fichte 生平甚好看特之學。爲意那大學校敎習。一千七百六十二年生。一千八百十四年卒。

葸林古 Schelling 嘗爲柏林大學校敎習。一千七百七十五年生。一千八百五十四年卒。

葸拉意爾 Schleiermacher 一千七百六十八年生。一千八百三十四年卒。

希爾巴 Herbart 一千七百七十六年生。一千八百四十一年卒。

希格爾 Hegcl 嘗爲柏林大學敎習。著有哲學全書十八冊。一千七百七十年生。一千八百三十一年卒。

柏黎喀 Beneke 柏林人。一千七百九十八年生。一千八百五十四年卒。

瑣朋哈烏爾 Schopenhauer 著有哲學論。世稱其學爲厭世敎 Pessimism。一千七百八十八年生。一千八百六十年卒。

洛吐 Lotzei 薩格遜人。一千八百十七年生。一千八百八十一年卒。

哈特曼 Hartmann 今尙在德國之哲學者。著有不識哲學論。

中世科學家

哥比尼加士 Copernieus 德國天文家。反對地動之說者。一千四百七十三年生。一千五百四十三年卒。

加里利阿 Calileo 意大利大天文家。始創測遠鏡者。一千五百六十四年生。一千六百四十二年卒。

奇伯里亞 Kepler 德國之數學家及天文家。一千五百七十一年生。一千六百三十年卒。

伯魯那 Ciordano Bruno 意大利之科學家。著作甚多。一千五百五十年生。一千六百年卒。

哲學原理 終

光緒二十九年正月 十 日印刷
光緒二十九年正月十五日發行

定價大洋壹角半

繙譯者 閩縣王學來譯
日本東京市神田區駿河臺鈴木町十八番地
發行所 閩學會
日本東京市神田區美土代町三丁目四番地
印刷所 中原印刷所
日本東京市神田區美土代町三丁目四番地
印刷人 中原安太郎

閩學會叢書廣告

出版書目

哲學原理　侯官王學來譯　定價大洋壹角伍分

是書爲日本哲學大家所著詳述哲學研究之法社會發達之由提綱抉要言簡理賅誠研究哲學者之津逮也玆編以最明達之筆述極高尙之理旨趣盎然善能引人入勝有志哲理者不可不一讀之

史學原論　閩縣劉崇傑譯　定價大洋貳角參分

此書爲日本史學大家浮田和民所著博引泰西學說加以論斷溯委窮源語々精碻洵爲不磨之論譯者文筆條暢足達原書之恉有志史學者一讀是編增長史識必不少也

人種誌　侯官林楷青譯　定價大洋貳角

現今爲人種競爭時代中國學者尠有究心斯學者瀏陽唐氏始著各國種類考一書然當

二

時攷據之書甚缺出於理想者多徵諸實驗者少未足饜講求是學者之望此書爲日本理科大學講師鳥居龍藏編纂理學博士坪井正五郎校閱攷證精確誠考求歷史地理學者之根本也

西力東侵史

閩縣林長民譯　　定價大洋貳角捌分

此書爲日本文學士齋藤奥具所著託始於十四世紀之季以迄二十世紀初年凡西洋人于東洋如何擴張勢力帝國主義如何發達及吾亞人如何受侮如何失計前後五百年事歷々如繪論斷處尤具史眼譯者文筆簡鍊字々經心讀之豁人心目有志世務者不可不購閱也

近刊書目

國際公法精義

侯官林　棨編譯

中國開關以來垂數十年國際交涉日以益棘推求其本皆坐吾國人夙不經心於國際公法故也中國前者非無公法譯本無論其爲陳腐舊籍不適今日之用即有佳者亦不過羅

列條文足以備參考而不足以資講求毋怪乎舍一二當局者外莫或從而過問也玆編專闡明國際公法之眞理以爲我國講求斯學者導其先河書凡二編上編論國際公法之主體下編論國際上國家之權利義務皆本近今名家之說演譯成書博考詳稽折衷至當亦有志外交者之所不棄歟

社會進化論

侯官薩　端譯

社會狀態何日不在進化之中眩於目前之文明不知所以變遷之理則識見之謭陋自不待言是書爲日本碩學有賀長雄所著分爲三篇前二篇多據斯賓塞爾之說後一編全出著者研究之心得其於人事之變遷國勢之消長論之綦詳譯之以餉國民

泰西格言集

長樂高鳳謙輯譯

是書輯譯泰西名言上溯希腊羅馬下逮近今凡歐美大豪傑大儒者百餘家之議論學說及詩謌俚諺等摘其精英都爲一篇譯筆亦簡古雅馴不失原文之意

國際地理學

海澄楊允昌譯

三

地理與歷史之關係人々知之近今地理學之書汗牛充棟大都詳言面積地勢氣候及產業貿易等範圍未廣頗不適于歷史參攷之用此書守屋荒美雄所編特闡明地理與國際之關係舉近今國運之大勢及領地殖民地之沿革言之綦詳論證確鑿解釋顯明誠地理學科中之最佳本抑亦研究歷史者不可不讀之書也

已譯書目

近時外交史　日本有賀長雄著
最近時政治史　日本有賀長雄著
南清貿易　日本小山松壽著
今世外交史　日本酒井雄三郎著
進化新論　日本石川千代松著
貨幣論　日本高田早苗著
新式地文學　日本岩崎重三著
新體歐洲教育史要　日本谷本富著
社會問題　日本大原祥一著

光緒癸卯八月初版

哲學論綱

上海廣智書局印行

哲學論綱目錄

哲學論綱

哲學論綱目錄終

哲學論綱

法國　李奇若著
中國　南海陳鵬譯

第一篇　序論

夫哲學之名。見知於世。不可謂不久。然何故而必須哲學。則知之者絕少也。或則貴之如金玉。或則賤之如塵泥。或以之居學術最高之位。或竟不以之列入學術焉。議論紛紜。絕無定說。而不知哲學實有三。一曰論理學。二曰形而上學。三曰倫理學。是也。而世之難論理學者則曰。論理學者。適足以淆亂人之思想而已。疑問百出。又安能望其決斷事情也。難形而上學者則曰。形而上學者。不過無形之學。令人難捉摸而已。就令窮致其極。亦覺渺無涯涘。此非至虛之理。於實事毫無補益者哉。難倫理學者則曰。倫理學者。論道德上之事理。似頗詳密。然亦徒巧其言說。於實際絕無功効也。至於言實業者。如工商、行政、戰爭、航海、等。皆不以哲學爲切要。即好美術者。亦以論理學形而上學倫理學。爲無形煩瑣之空想也。雖然。是不足怪。彼世之所謂學者。非有自爲一家之定見也。其所記述其所學習。亦多未切要者。則以非其所自創設之學問故也。而此風之起。遂延及宗敎。以至談宗敎者。謂哲學有破壞信仰之罪焉。吁哲學果如是乎。抑世人未深思其故耳。余著此書。而感不絕於余心矣。

第一章　哲學之定義

飛龍少飛阿者。原爲希臘言。謂好睿知也。謂好睿知之人也。今譯之謂哲學。乃研究森羅萬象之法理。尋繹事物之原理及存在也。若夫科學則不過研究萬象中之一理。以尋其實用。而哲學則不獨研究萬象各所特具之性質。且研究其實物所通有之性質。而尋其本末也。故科學之於哲學。無異枝葉之於根幹。有哲學然後始得其一致也。而其所謂本末者。又非徒淺近之本末也。乃謂窮究人智人力所能及之最高位。因稱爲睿知。故亞里士多德稱最高遠之本末。爲能知萬物也。

夫哲學之所包含者。在於人力所能之範圍內。知者。在於思想事物之人智內。譬之印與蠟焉。印者。印萬物肖像於蠟內。即無異萬有思想之印於人智內也。是以人智思想之貴賤。皆因其人而有所分別。其哲學而廣大者。則目的亦從而廣大。其智識而高尚者。則見識亦從而高尚也。

抑吾人之智識。何自來乎。以吾觀之。蓋有兩途。一爲得於自行研究者。一爲得於外人指授者。

夫得於自行研究者。復有兩端。其一則因於所生之時。所處之地。有所感觸而知者。其二則因於能知之力。而知其身之存在。或因五官感觸而知各種之思想原理也。由前之說。以無引證。可暫置不論。由後之說。則譬之有原因。必有結果。有結果必有原因。而可悟其因果之關係。一部比全體爲少。完全比缺陷爲多。而可知其原則之類是也。其他即雖無學問之人。而因此知力作用。感此觸彼者。殆亦不少。萬事萬物之所以見知於人世。實藉此力也。

得於外人指授者。以其於所生之時所處之地外。自不能知。而藉其同時同地之人以敎導之也。此所謂歷史是也。夫前人所傳之歷史。與一己所知之哲學。實爲人世之雙燈。天下事物。皆因之以窺測而知者。然歷史之與哲學。猝見之若不甚相關。而實則歷史之成立。必不可不依於哲學也。何則。蓋欲知歷史之因何人物。以何證據。乃爲得當。則除哲學外。無法可以知之也。此所以歷史家欲窮究其歷史上事物之原因結果。則不可不通於哲學也。而卽歷史哲學之所由起也。

至若等人間世而上之。探玄極妙。則惟有因於神所默示以知之而已。夫所謂默示者。卽神學之基礎也。無論在何邦國。爲何人民。其有宗敎者。必有神學。至其默示之何自而來。何由而存。且組織此默示以爲神學。則實不外哲理之作用耳。若舉各證據。以與科學辨難。是亦因此哲理也。

要之哲學者。知力所由生。歷史者。事跡所由起。神學者。默示所由來。而歷史與神學。則與哲學稍異。然亦皆歸本於哲理矣。

第二章　哲學之目的

夫哲理而祇能有知識。則爲利尙少。必須使人行其理性之所知。乃得全其用也。昔賢曰。『知之而不行之。於我何所得也。』蓋人間理想。有所謂賢。有所謂義者。而哲學則不特以知萬物之過去未來及其關係。示人以高尙之理。且以高尙之德義敎人也。詳而言之。則哲學者所以使人悟高遠深邃之妙理。從而得其葆眞全德之道也。如此則非他學所能企及。可斷言矣。何則。誠以此等高遠之目的。決非他學所能見及也。而以知識使滿足其理性。以美德使滿足其意志。乃哲學之要素。以製造完全之人物者也。

第三章　哲學之區別

哲學之區別。乃因於學者而各異其次序。各異其方法。蓋人各有意見。則學說學理。自不能不互異。而哲學區別。自茲而起矣。然惟物派與性靈派。其主義因互相反對。而其於哲學。亦各有所區別。然則吾人其從惟物派乎。抑從性靈派乎。試徵

哲學論綱

之史籍以判斷之。則惟物派之於哲學界。如傳染病雖流行一時。風飈電駛。而及至毒發則有時足以使人心放肆。風俗敗壞。其流毒於社會非淺鮮也。是故宜以先賢柏拉圖、亞里士多德、之學說。奉其所區別以爲準繩也。

柏拉圖之說。區哲學爲三。曰論理學。曰形而上學。曰倫理學是也。

夫論理學者。所以敎人判斷眞僞之法也。猶之敎授技擊者。指示其武器之用法。故論理學之於哲學。猶武士之於武器。夫道理作用。不外思想、判斷、論法、三者。而論法。卽爲哲學之武器矣。夫旣爲武器。則必有所用。有所備矣。蓋人之知識不可不明。其果能知之確者。是卽爲論理也。

形而上學者。乃所以辨論如何謂之爲學。人者如何而爲有知識之學。是也。何謂知識。謂知於理也。然此學又可區之爲四。一爲研究宇宙萬有之性質。故稱爲實體學。（謂無論有形無形。槪尋究其實在之學也）二爲實在中之能感觸於人者、卽謂有形世界。故稱爲宇宙學。三爲觀察有形世界。而研究一已之所知者。故稱爲心理學。四爲尋究有形無形之本末。卽爲萬象大道之根本。故稱爲神學。夫形而上學者。乃無形之學也。卽遇有形之物。亦不求其迹象。而專論其理也。如物理化學生理天文等。乃爲有形學之一部分。而皆歸於形而上學。爲哲理所考察。其學始得尊貴也。故形而上學者。可稱之爲「萬學」也。雖然若今人之於有形學。則與形而上學。絕不求其有所關係。如不相連續者然。故於萬象本末。不能相通也。其所稱爲專門者。亦區域狹隘。其目的祗知在於實業。殆可謂之爲職分。而不得謂之爲學問矣。夫方今學者。其精細亦可謂特絕。然宗旨卑陋。見識猥瑣。徒沈溺於職業。所謂物識多而眞學少乎。

倫理學者。行爲之學也。夫宇宙者。由於有關係而成立者也。如人類乃對於神及人而有密切之關係。故未知其關係之如何。則理有未明。而知而不能行。則於心不安。是卽倫理學之目的也。蓋豈道理之所應盡者。謂之實際之睿知。（哲理之睿知謂形而上學之理）而人因之以得滿其心願也。至其理法如何而成立。則基於形而上學。而立人間之終極。以定人類之道也。易而言之。則以人者以行爲而進。故論其行爲。行爲以法而治。故論其法律。法律因於義務權利而成立。故論義務與權利也。不特是也。夫人者非一人而已。必須與人共其生存者。是卽爲社會也。而社會則有家族社會敎會之三階級。於此三階級。各皆有其權利義務。而箇人之於法律上。亦各有其權利義務。且此之三階級。何自而成立。何自而整理。其互相關係何如。是皆不可不論究之也。

要之論理學者。乃討究眞善之法門也。形而上學者。乃闡明眞善也。倫理學者。乃奉眞善以見之實行也。若哲理而不達於此。則不得其要也。若不倚於眞智眞識。徒恃意志以行事。則不得爲完滿也。

第二篇　論理學

第一章　論理學之定義及其目的

論理學者。謂運動道理之學。而知事物之原也。其道有二。一爲辨識原理。卽由此原理以徵引萬理也。二爲體會事物之思想而常連接之。常排列之也。辨識原理。以體會事物思想之德。謂之知慧。因其原理而徵引之。可以體會其思想連接之之德。謂之道理。其作用。則謂之議論也。

夫論理學以立理論之方法爲其目的。然可稱之爲學問。亦可稱之爲技術。蓋立其法則。以論議論之方法。是可稱之爲學問者。而隨其方法以爲實用。是亦可稱之爲技術者。而至其方法之何自而來。則全本諸理也。然此亦有先後焉。必先明爲如何而後因知力作用。知其爲可。乃取之以定爲法則。又以知力觀己所行爲。卽抽出之以爲原則焉。蓋實驗在於前。方法生於後。無異前人旣有雄辯。而後有雄辯學之方法也。

至於論理學之目的。則與知力作用之目的。一無所異。夫知力者。乃所以討究眞理。而考察其謬誤者。而論理學者。乃所以正知力作用之失者。是卽欲使知力之作用。達於眞理。而無所失誤也。

第二章　論理學之區別

論理學因於知力作用。可區別之爲三段也。

一爲分離各事物而言之。如單言人與富與幸福。則稱之爲思想。

二爲集各思想以互相比較。判斷其得當與否也。如「此爲富人。」因而比較「此人」與「富」。辨論其爲得當也。又如「彼無幸福」因而比較「彼」與「幸福。」而辨論其爲失當也。如此者。謂之判斷。

三爲比較判斷後復續以議論也。是稱之爲論法。

第三章　思想

思想者何。所以窮究其本原也。凡思想皆藉知力以觀事物。故其道有二。一爲有形。一爲無形。譬之人則有修短腴瘦。黃白赤黑。一望可知。且可由人想像而得者。故可謂之爲「想像。」至若問人之何以爲人則必答曰。人者乃有智慧之動物也。然智慧者。本爲無形之物。聽之無聲。視之無色。無關於身體之尺度。膚理之顏色也。故可謂之爲思想。要之則爲「理」而已。雖然。其有知力之作用者。則常以想像而生思想。兩者又各相包含者也。

第一節　思想之性質

有必不可不存之性質。稱之爲固有性。有可存而不可存之性質。稱之爲偶性。固有性可分爲三種。

一曰眞　謂適於實際。合於事物也。夫思想乃附屬於人。無此人卽無此思想。若見有柱石。而人始有柱石之思想。則不得爲眞矣。

二曰明　謂能辨白事物。知此之所以爲此。彼之所以爲彼。而無有錯雜也。若指人爲柱石。指柱石爲人。則不得謂之爲明矣。

三曰適當　謂其事物含有不可不存在之性質也。譬如有關於人之思想者。必不可不含有骨肉。而能辨別其事物之當與不當。苟與其性質相反。則謂之不適當也。

思想者。以知力而觀無物於有形者也。故上三者。無論屬於如何事物。有一欠缺。則必難望其成立矣。是以其所見而不適於實際。則雖於腦中存有思想之形而外無以應之。亦可稱之爲空虛之思想而已。

偶性者。其種類甚多。不能盡述。而其關於思想之狀態。亦甚鮮少。非學者所急。故從闕如。

第二節　思想之起源

夫人者。果生而爲有思想之動物乎。（卽謂屬於人性人知之思想也）是非然也。以其生而有五官之感觸。故思想亦因此萌芽耳。雖然。人性至靈。一經感觸。便能辨識。能辨識。便能比較。因比較而知關係。且知窮究其因果之理法焉。是則爲人性之先天力及理解力也。故稱此之思想。謂之爲與生俱來之思想。然不謂之生而明悟者。則以恃有外物。然後思想日多。知力日大也。

（一）思想者。以客觀物之影射。因而區別以明晰其理也。至其區別之法。則一爲包括。一爲分析是也。何謂包括。譬之言人。則知其爲有耳目口鼻手足軀幹。能動作能言語之物。不必一一明言。而始知其爲人也。何謂分析。如單言屋宇。則凡門戶庭堂。無不包括。若一石一瓦。逐類分求。則不可謂之爲包括。而謂之爲分析矣。

（二）凡思想不相關繫之物。則謂之絕對。其有相關者。則謂之相對。譬之論人。獨言人。則謂之絕對矣。若指父與主人。則間接爲子與僕。互有相關。故稱之爲相對也。

（三）有單純之思想。何謂單純。言其無有區別。無有部分。成獨一無二之象也。反是者謂之複雜。

（四）有集合之思想。羣萬事萬物而研究之是也。而指羣集之各物。則謂之分體。如言一軍隊。則爲集合矣。若分軍隊各部分而析言之。則爲分體矣。

（五）不論其爲如何事物。祇抽出其一體以考察之。則此思想謂之抽象。譬如不問其人爲誰。而獨言人性。是卽抽象也。若考其稟質而屬於實物。則謂之具體。譬如言小兒最易染疾。是卽具體矣。

（六）獨思想其一事物則謂之單一。譬言人名物名是也。反是則謂之一般。如言人人是也。若指其全體之一部。則謂之特別。譬言軍隊中之一人。則與全部劃然。是卽爲特別也。

（一）類　夫天下無論如何事物。皆有特具之性質。而其性質與他物亦有所相似者。今集此等事物。以爲一階級。則稱之爲類。其思想則謂類之思想也。譬如謂有機關之生物。卽爲動物與植物。蓋其生長之機關相似也。

（二）部類　凡屬事物。不特有普通之性質。且有特別之性質也。譬之生長。惟動物植物有之。若於生長外。言運動感動。則動物獨造其極矣。而動物者。其數頗多。今以之爲一部。則稱之爲部類。其思想即爲部類之思想。而因於事物。於部類中。更可分爲部類。部類者。對於其小部類而爲類也。

(三)區別　無論何物。其所有稟質。必有與他事物互異者。此所以生此差別之原因也。而此思想即謂之區別。區別可分之爲三。曰類之區別。曰部類之區別。曰各物之區別。是也。譬如植物。祇有生長而已。而動物則於生長外。猶有運動感覺者。此運動感覺。卽爲動植物類之區別矣。至於猫犬以及他有特別之性質者。則爲部類之區別。又於物物之間。其氣象性質互異者。則爲各物之區別也。

(四)適合　無論何物。皆莫不有其本質者。本質有存。則外此附屬之性質。自然生矣。故稱之爲適合。譬之人性。必須存有性理。及其意志。於是行爲言語。乃隨之而生矣。詳而言之。則以人而有知識。則不可無表白之之言語。有意志。則不可無運動之之行爲也。如此而適相和合。則爲自然之理矣。

(五)偶然　於本質雖無變化。而必有其形容者。譬則大小。被動。不動。起臥。是也。故稱之爲偶性。無論何物。苟無偶性。則不能見其存在也。雖無形如靈魂。亦不可無之也。蓋有本物。則必有偶性附從之也。

是故格物學。其部類亦以明此性質。而得極其異同之點也。如礦物、植物、動物等之分類。是亦因此而得者。其有益於研究學理。豈淺鮮哉。

第三節　範圍

遇一事物。能詳知之者。其疑問有幾許乎。無論其爲人類與否。其問題有幾許乎。不論其物之爲何如。而考其成立組織。則皆因於實質偶性二者而成也。實質爲何。乃言其本體。而盡去諸形容者也。譬之如蠟。不問其形色、大小。而獨指其本質是也。

次爲偶性。謂附於本質者。又譬之如蠟。不問其實質。而徒指其形色大小是也。是以凡研究宇宙間之物體。皆可發此二疑問也。

(一)其實質如何。　臚之如左。

(二)分量　是卽謂實質之容積、重量、多少數量等也。

(三)性質　如善惡、形色、尊卑、高低、等是也。

(四)關係　如類似、趨向、反對等是也。

(五)活動　謂自己運動或變化或者運動他人。或變化他人是也。別而言之。則對於自己之行爲。及對於他人之行爲是也。

(六)被動　謂如何而被移動乎。加何而被變化乎。如何而被制限被止定乎。如何而被善被惡乎。即爲受身的運動是也。

(七)時　謂存在於何時。由何時至何時。是也。

(八)處　謂存在於何處。使存在於何處。宜存在於何處是也。

(九)情形　謂伏臥起立。爲如何之狀態。與他物比較。爲如何之情景是也。

(十)風習　謂附屬於己之身者。有如何物乎。卽如衣服、健康、知識、學問、善德惡德等是也。

知此範圍於凡百事物。雖未必盡通。然其於研究之道。思過半矣。苟一有欠缺。則謬誤隨至而施之實際上。其損害自生矣。

第四節　徵驗

人欲表白其思想。必須徵驗。或欲知他物之思想。亦須徵驗。蓋捨此無以表白其思想也。然徵驗有數種。一爲自然。二爲自由。三爲表彰。是也。自然之徵驗者。自然附屬於其所表示者是也。如見烟則爲有火之徵矣。此正如原因結果之不能分離也。自由之徵驗者。乃任人自由以定之者。於事物上。無自然之關係也。卽如以國族示邦國。以頂帶示官階之類是也。表彰者。則以其事物及其徵驗。雖全不相類。而於其性質。或形容之一點。亦頗有相同者。故見其表彰。卽思其所相近也。如聽鼓鼙而思將帥。則以鼓鼙能表彰將帥之勇氣故也。又因於其性以現他物者。亦屬不少。卽如中國文字。其構造皆藏有意思於其間者。是亦爲表彰也。

表示思想之徵驗者。雖爲科語、聲音、言語、文字、之四者。而先就普通上以言之。則惟言語及文字耳。而此二者。又惟有言語耳。而言語則又有得之於聽與得之於視之差別也。言語有二種。有在於心中者。有在於心外者。心中言語。乃人之自判斷其事物。而無異於思想者。且與聲音亦無關係。祇能儲蓄之以待表發而已。心外言語。卽爲聲音。而附以各種聲音者。乃人以之定其主意。而爲搬運思想之要具也。夫所謂文字。所謂言語。雖則爲心中言語所變化。而至於外界之語。則因其邦國與其時代。而有所差異矣。

夫言語者。所以定其思想也。又所以區別其思想也。蓋言語之與思想。祇有含與吐之差而已。其結果終歸於一。而無有分離也。此所以吾人以文字記其思想於無形也。譬之思想者。乃爲人世之靈魂。言語者。乃爲其身體也。易而言之。則其意思爲靈而言語爲體也。故人之於言語。以耳聽其體。以靈魂受其靈也。

言語之用法有三。一爲示於同類者。譬之言木。則凡木皆可言之。以其部類雖異。而其類則同也。二爲示於異類者。譬之板之一字。同一音也。而義竟則有所謂板屋。有所謂板滯者也。三爲示於部類異而相齊者。譬之言足。則指人之足鼎之足也。

第四章　判斷

夫以思想而鑑其理性於客觀物者。則其性質形容等。亦可從之而現也。譬之論人。於其性質品行。而以知力分析之。比較之。以判其有何德性。有何能力。此卽謂之判斷也。

判斷而未表發於外者。是之謂量度。量度云者。譬如量度其人。必與盜賊相通。而未揭發之是也。而感覺之與判斷。亦大有相異者。誠以判斷則祗比較其思想而判其可否耳。感覺則流動不止。已入於情矣。卽無異謂其人必不爲盜。是之謂判斷。謂其人憎惡爲盜者。是之謂感覺也。

第一節　命題

判斷明言。則爲命題。命題者。由三主要而成。一曰主名。二曰形容。三曰動詞是也。動詞乃連絡主名與形容者。形容乃附屬於主名者。而主名則於命題中爲主動者也。譬如謂「其人有善行。」則「其人」爲主名。「善行」爲形容。「有」爲動詞也。

命題者或有取於各箇絕對者。或有取於與他問題相對者。故今分之爲絕對的相對的之二者。詳於下。

（一）絕對的命題

第一命題者。則有一主名。一形容。例如「孩提弱矣。」是也。此稱之謂單一命題。或有兩主名兩形容者。如「某某某某者。乃武臣與忠臣也。」此稱之謂複雜命題。

複雜命題之主名形容。或有合併者。例如水與火者反對也。是也。或有分離者。例如中國或日本强矣。是也。其合併而連續者。則以「與」字分之。其分離而連續者。則以「或」字分之。前者則名之爲接續命題。後者則名之爲分割命題也。而命題因於兩命題以成立者。其一則謂其事。其一則謂其理。例如「盛者無可誇之理。何則。以其將來尚未可知也。」之類是也。又或命題爲一體者。一以言事。一以言理。則稱之爲原由命題。

或有同因於兩問題而成立者。一以判斷事情。一以條舉事理也。例如終身勤儉。則必得名譽矣。此之謂條件問題。

第二命題者。則有形式之區別。其形容而合於主名者。則謂之旨定問題。例如神者尊嚴也。是也。其形容而不合於主名者。則謂之否定問題。例如神者無不正直也。是也。

第三命題者。則因於範圍之廣狹以爲區別。其意指定一人。或一物者。如諸葛亮者豪傑也。或此人者有志之士也之類。則謂之一箇命題。反是而其意指定多數者。如人也者無有不死也。或凡爲獸莫不步行也之類。則謂之普通問題。至若其主意非判然以指定一部分者。即如或人者善人也。或多數之人者惡人也。則謂之特別問題。

（二）相對的問題

相對的問題者。謂取兩問題。因其意義。或為相同。或為反對也。同有二種。其一則文句雖異。意義實同。如一切世人。無不正直。不正直者。無有一人之類是也。此稱之為同力。其一則文句雖顚轉。而意義無異者。如人者。有知識之動物也。有知識之動物者。人也。之類是也。此稱之謂顚轉。此等命題。乃主名與形容。互相適合。而互有制限者。蓋以「人者動物也」此語不能顚轉。何也。以人雖動物。而動物實非人也。故其制限。以有知識之形容詞。而適合其為人也。

反對亦有二別。其一則全反對。如謂人者皆正直也。或言人者。皆不正直也、其一則分反對。如言或者善人。或者惡人。是也。要之其為全反對者。則主名與形容全行排列。其為分反對者。則主名與形容。分為排列也。

凡吾人辨論事物。於此命題之用法。最不可忽。蓋以濫用之。則言語失其度。不免於邪想僻說。如今有一人。而斷其「全體完備」若偶有缺陷。是為虛偽。反對者得舉其例外以論破之矣。又如甲云「人無有不善」乙云「人無有不惡」是皆不得其眞者。以其皆可持他說以破之也。

至於分反對。則決無是慮。如謂或人者非爲惡也。則以一人之不爲惡。是爲得其眞實也。

於概論實際上之事物。必須確實明正。而不可侵犯之者。則用全反對的問題。極屬危險。蓋屢以分反對之問題。可攻破之也。何則。誠以無論如何事物。其無一二例外者絕少。而因此即可以斥駁之也。故深解此理。明事物之性質。及與其他事物關係。而爲適於實際之議論者。乃可爲至善之辨論家也。

第五章　論法

論法者。以既知之事物。而論未知之事物也。其法有二。一爲歸納法。一爲演繹法。是也。

第一節　歸納法

歸納法者。乃因於百物萬象。而討究其法則及原因也。如言一人不免於死。十人亦不免於死。故人者皆不得不死者也。此之謂討究其法則也。潮汐因月輪以爲消長。因此則知潮汐之原因在於月輪也。此之謂討究其原因也。

第二節　演繹法

演繹法者。乃因於其法則原因而徵引其結果者也。如人之身體。乃由諸原質所集合而成。日有變遷。凡世界人類。無不同具是質。則彼等於何時。可得解化也。又如於天文學上。見空中之機動物。有吸力以互相吸引。而月之吸力乃吸地球之吸力者。以故地球之潮汐。由之而生也。此乃因於法則原因。以討究其結果者也。

夫無論如何議論。皆不出歸納演繹之外。而至其格式。則稱之謂論理術也。明之如下。

設有二思想於此。俱甚明了。則無須論理。而以直覺可判斷之矣。雖然。若關係深遠。渺漠難明。則直覺之力。有所不及。而判斷之功。亦當倍苦。如有二物。其距離甚遠。是不可以目力判定其長短也。度之以尺度。則瞭然矣。思想亦然。如今有正義與可愛、能相合與否之問題。則或以正義爲頑固絕無可愛者。或有漠然不得其解者。於是而欲判斷之是不可無尺度之思想矣。思想之尺度爲何。善德是也。誠以正義者。善德也。善德者可愛者也。因以之判定其問題也。而其答案則乃以正義爲善德。以善德爲可愛者也。其結論如左。

正義者、善德也。　善德者可愛也。　故正義者可愛者也。

第三節　三名辭

論理有三思想。卽例如正義、善德、可愛之三者是也。

如上圖式。正義在善德之內。善德又在可愛之內。故正義者。在於可愛之內也。稱此三思想謂之三名辭。而「可愛」則以其區域甚大。故稱爲大名辭。「正義」則以其特有論點。故稱爲小名辭。「善德」則爲尺度。以量度兩者之間。故稱爲中名辭。是卽正義與可愛。則在於兩端。善德則在於其中也。而愛惡德與不義之論式。亦無異於是。

比較此三名辭。則其組織自有種種。如右所揭。雖屬普通組織。若顛倒其先後。而作用亦甚多也。卽如先以中名辭比之大名辭。次以中名辭比之小名辭。最後以大名辭比之小名辭。其大小名辭。而共合於中名辭。則定之爲互相適合。不合則否。今又以可愛正義善德三者爲譬。先以善德比之可愛。次以善德比之正義。最後以正義比之可愛。遂成文如左。

總之善德者可愛也。　蓋正義者善德也。　故正義者可愛者也。

其愛惡德。不義之格式。亦無所異。並演如左。

總之惡德者不可愛也。　蓋不義者惡德也。　故不義者不可愛者也。

其定論式之組織如左

至於否定論式之組織。則不能如此矣。其式如左。

蓋旨定論式。則於「可愛」之範圍內有「善德」與「正義」。而否定論式。則「不義」在於「惡德」之範圍內。而「惡德」則不在於「可愛」之範圍內故也。以比此三名辭。得二句如左。

善德者可愛也。　義者善德也。

中名辭與大名辭。中名辭與小名辭。一相比以成此二句。則稱之謂前提。謂斷定其作用也。而此前提中含有大名辭者。例如善德者可愛也。則稱之爲大命題。其含有小名辭者。則稱之爲小命題也。

定歸結者。由前提而生者也。故誠由前提而生。則其論可謂之正。然由前提而生。其斷定亦未必能得其實者何也。蓋以其前提若誤。則斷定亦從而誤矣。故其言

論雖有合於論理。而有時亦不合於眞理也。例如

革命黨者心熱者也。　某人者革命黨也。　故某人者心熱之人也。

於此等例題。論理上固得其正。然其斷定之爲眞爲僞。則難決斷之也。蓋以其前提不知有所誤。與否。其所謂革命黨者。果屬心熱與否也。因思革命黨者。未必盡能心熱。而某人者。亦或在於不熱心之部內。未可知也。如此斷定。則其大名題過於廣大。故即雖革命黨者爲心熱之人。而亦不免爲大言也。是以欲其斷定之不失其正。則不可不先謀於前提。使不失其實也。

第四節　論法之規則

論法之規則。雖有多種。而其要則有三。

第一　名辭有三。

第二　各名辭於前提及斷定。不可不於同意義同範圍也。

第三　中名辭者。必不可不用於含在文字一般之意義以內者。

例如『物罕則貴』然若謂『三金之馬是爲事之稀罕者』『故三金之馬爲有價値矣』此則可謂牽强之至矣。何以故。夫所謂罕者於大問題上爲少爲善之故也。而謂『三金之馬爲罕』則是以三金市馬者爲稀罕。而其斷定爲非自前提而出矣。何以故。則以罕之字內各因所用而互有意義者。別而言之。則前者爲可珍。以故希罕。後者爲可笑。以故希罕也。此乃有違於第二之規則者也。其有違於第三之規則者。則例如『某商人者不義也』『此人者商人也』『故此人者不義也』於本文之三名辭。則爲不義、商人、此人、而商人則爲其中名辭。其所謂某商人者。乃獨指一部分而言。而非指一般之商人者。則以商人中亦有義之部分在。故不可遂斷定凡商人皆爲不義也。又如云『某商人者義也』『此人者商人也』『故此人者義也』亦與之無異耳。雖然。若畢竟不斷定之爲『商人者不義也』『商人者義也』則無結論矣。而至斷其商人之義與否。乃屬於別一問題者。而其於論理上之論法。則已得正矣。

要之前提則含有斷定。斷定則自前提而生也。前提爲父母。斷定爲其子也。故無前提則無歸結。前提不得其正。則斷定不免虛僞也。

第五節　三段論式之組成法

於此三段論式之三名辭。則於前提所組成有三種。

第一　中名辭者。於前提之一面。則爲主名。一面則爲屬詞也。

第二　中名辭者。爲前提兩面之主名也。

第三　中名辭者。爲前提兩面之屬詞也。

(一)中名辭於前提。一面爲其主名。一面爲其屬詞。

甲　爲大命題之主名。小命題之屬詞。則例如

凡德(中名辭)者。可愛(大命題之主名)也。

蓋義者。德(中名辭)也。(小命題之屬詞)

故義者可愛也。

乙　爲大命題之屬詞。小命題之主名。則例如。

野心者。罪人（中名辭）也。（大命題之屬詞）

蓋罪人（中名辭）者。可哀憐者也。（小命題之主格）

故野心者可憐者也。

（二）中名辭於前提。爲兩面之主名者。則例如

不信者煩瑣者也。

蓋不信者不誠也。

故不誠者煩瑣者也。

卽不信者。乃中名辭。而爲兩前提之主名也。

肯定的論式

(三)中名辭於前提。爲兩面之屬詞者。則例如

寡慾之人。能自主自由也。

野心者不能自主自由也。

故野心者非寡慾之人也。

其自主自由。乃中名辭。而爲前提兩面之屬詞者也。

否定的論式

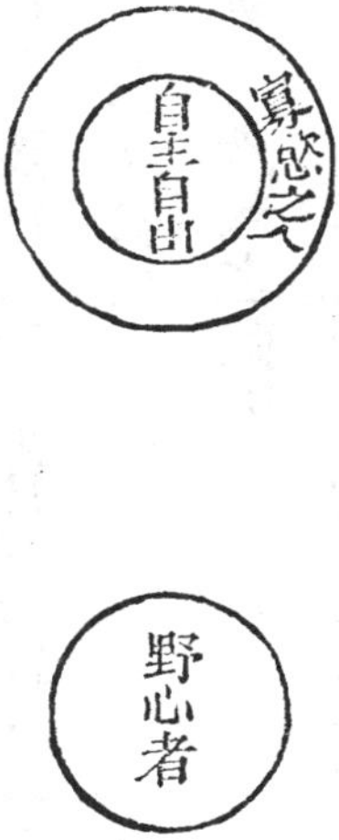

古人於各種論式。廣爲研究。故合於前提者。至有六十四式之多。雖然。是皆無裨於實用者。故不別詳之也。

第六節　論法之區別

論理於其前提。分之爲二。一爲單純論法。一爲複雜論法是也。

單純論法者。謂於前提兩面皆單純者。如前所揭之例題。俱皆適合之也。

複雜論法者。乃前提繫雜之命題也。例如

善與惡者。不能同時而爲之。　蓋爲惡則不能爲善也。

此等命題。乃以善惡維繫之者。故稱之爲連結命題。如謂

爲善者。亦或可爲惡。　蓋爲善。故不爲惡也。

則異之。此之謂離接的問題。如謂

若爲善。則不爲惡。　蓋爲善故不爲惡也。

則謂之假定的問題。至於

若不爲善。則爲惡。　蓋不爲善。故爲惡也。

亦不外於假定的問題也。

要之雖論同一意義。亦得以種種變其法者。則觀上所述。可以明之矣。

至於此等論法。用之於何等目的。則不外發明原理之眞僞而已。如論出版自由。則須尋其原理內存有缺點及虛僞與否。蓋以許其自由。雖屬爲利不鮮。然因之而邪說橫行。敗壞人心。亦未始非自由出版之故。故就其結果而言之。則決不可許。因之而其原因之出版自由。亦不可妄許也。何以故。則以戒其結果。遂愼及原因。乃爲得當故也。又如論世界皆平等。亦須尋其原理內存有虛僞謬誤與否。則以言人人平等。則必須人皆有平等之知力、腕力、才力。或皆能有職業。或皆有同一之生活。若不然者。則社會斷不能平等也。

或與人剖辨而論其命題者。譬有一人。謂「社會之階級。不可不廢。不然。則雖有賢者。亦爲其所限也。」則必駁之云。「雖然。其所謂賢者。亦有階級之可立。至於社會。則無階級不能成立矣。故賢者亦祗可立於殊異之階級而已。」至若其最可注意者。則在於妄用論法而以虛僞謬誤之原理論結之也。蓋原理已誤。則斷定亦不免於誤。是適以欺人也。其或以已所明白之原理而空用論理。或以歷史所經驗。確然有實證者。而用無益之論理。是則最不可不避者也。

第七節　論法之別式

人於平時所談論或筆記等。於三段論式。似可不用。然若於各前提。附以證據。則亦有用之也。例如

靈魂者。無形者也。其理有可考者也。　蓋無形者不消滅。其理有可考之部存也。

故靈魂者。不消滅也。

則稱之爲推證法。

或拔前提之一。而附以斷定大命題或小命題者。例如

靈魂爲無形者。故不消滅也。

又如云

人而不死。則永無遺恨矣。

是也。此等論法。乃適於人所見聞之意想者。蓋非爲言論之命題。而聽者自能推考之故也。稱之爲推拓法。

或因於事物而先下定斷。後乃有論法之大問題者。例如

不有部分者。則不能分析而消滅之也。　蓋靈物者。非有部分者。故靈物不能分析也。

蓋人之靈魂者。靈物也。故其靈魂。不能分析之也。

則稱之爲重論法。

或區別前提爲兩三面。雖以何斷定。亦足以論勝之者。今舉其例證如左。

當戰爭之際。守衛兵之汎地。爲敵所得。其大將乃責之曰。汝於汝職位。能善

視之乎。抑否乎。若善視之而今已失其汎地。是爲不忠。若不善視之。是爲違令。故無論如何。亦宜處汝以死刑也。

昔日有爲詭辨論者。常言「雖何事亦不能知」。如欲駁之。宜先問之曰。「汝亦自知所以、自答乎」。若謂「知之」。則有「能知」之憑證。若謂「不知」。則難定雖何事亦不能知也。誠然則人不能自斷其不知也。此說可以破之也。

又有羅馬之德拉智安責基督教徒曰。「基督教徒者。不須尋究。待其發顯。乃罪之可也」。而笛兒多利安答之曰。基督教徒者。其爲有罪人乎。抑爲無罪人乎。若爲有罪。則何爲不尋究之。若爲無罪。則何爲苦責之也。

此之論法。切不可不收結之。以被敵者所逃脫。最爲切要也。蓋於各事物。一有遺忘。不能收結其議論。或變易其理論。是以同一道理、而被敵者反得以剖辨也。今附一例如左。

往昔希臘之詭辨學者。約其門人與之爭訟。若同門中而有初訴訟得勝者。則必須報效之云云。而其門人故爲遲出法廷。且背其師。遂以爭訟。其師乃告門人曰。而雖如何。亦須輸金與我。何也。汝若勝。則須從裁判官之命。以補償於我。汝負。則須從前約。以報效於我也。其門人答之曰。我無論如何。亦不能輸金與爾也。何也。我若勝。則無須從裁判官命以補償於爾。我負。則亦無須從於前約以報效於爾也。其師竟無以應。

以上數例。謂之雙擊法。而今之論者。遂起一問題曰。『靈魂者。其與身體同歸消滅乎。抑不消滅也。若不與身體同消滅。則死亦何懼。且因此可免人世之患難矣。若與身體同消滅。則死後必無苦惱可受。是死亦非禍事也。』此等論說。其立議不得謂之完滿。何也。誠以靈魂不滅。可免目前之苦惱。而未來之恐懼。亦尚有在也。若其滅也。則自有爲無。此非禍之大者乎。故此等立論。不免爲虛僞之雙擊法。極宜注意之也。

又相重命題。其前題之屬辭。卽爲後題之主名也。於其下定斷時。有合前題之主名與後題之屬辭者。例如

多慾之人。常有希望。有希望。則常不足。常不足。則常多苦慮。常苦慮。是爲不幸。故多慾之人。實不幸之人也。

此之謂聯積法。如此立論。最宜注意。其諸命題中。於兩端不能有一句以聯串之者。

調查同類之百物。使其性質形容。歸於一致。則稱之爲其類之通有。如論人之老少。以爲人者。莫不爲私慾所動。無論其年歲如何。斷不能出私慾影響外也。此則稱之爲皈納法。而行此論法。其最可注意者。須於其類中。一無遺忘乃能也。又如今有一人。於音樂、植物、動物學。俱無所通。然不能遂斷之爲一無所知也。誠以人間知識。不祗爲音樂植物動物諸學。此外所可研究者甚多故也。又於殊異而有所類似者。則因其所類似以推知其他。例如

我爲人之種類。處如此境地。因生如此感覺。設有他人。與我同一境地。則亦應同生一感覺也。

此等思想。乃因於經驗者。故稱之爲實驗學。

又有比較兩者。以考其一事。則例如

爲兄者。悔悟改過。得其父所容許。則爲弟者。如悔悟改過。亦當得其父所容許也。

此之謂例證。即根於實驗學。以立其例也。

大凡比較事物。其法有三。一爲兩面相類似者。如上所舉各例是也。二爲有優者。有劣者。如『惡人尚且知其不可。況善人乎。』『年幼者猶思戮力邦國。況壯年乎。』是也。三爲比較其性質之相異。而以此面責他面。如亞歷山大王因其臣某識見庸劣而警戒之。答曰。『我若爲汝。亦能爲此言』又某王對其臣下言曰。『汝爲臣之職。我不可不爲君之業也。』凡此皆是也。

或有因於事物者則藉其人之言以還駁其人也。如無政府黨其所主張。無論如何言論。如何行爲皆須與以自由也。而平和黨則主張『其言論行爲之善者。乃與之以自由』是卽因無政府黨之言以責之也。稱之爲『因他言立論法』是爲論理之高者。乃以其言而裁判其人也。

第八節　詭辨

詭辨有二。一因其知識不足而研究致誤者。二因論者雖自知之而故爲謬誤者。前者謂之『妄論』後者謂之『詭辨』（詭辨中之詭辨）

第一爲論而未成其爲論者。卽以之爲與事實相反。無秩序之論也。如今人之評論『自由』。終無定點。則以其不能決定何者之自由故也。蓋以反對自由者。乃反對無限制之自由。其贊成之者。乃贊成合理之自由。以故欲論事者。先不可不定其範圍及精神。以免陷於謬誤也。

或於論中挾有私意。而屈曲敵人言說。以爲失正之論者。故一見雖似爲敵人之誤。而按之事實。則不然也。

要之研究事實。不能完全因以生種種謬誤。無異專制之人。有强行不合於理者。亦有强行合於理者也。故無論何等法律。未可盡謂之不當也。或謂文化之世。不須宗教。祇有百般物質之進化而已。雖然。未來之人。其性質行事。苟與今日無甚差忒。則宗教亦不遽廢也。又或以拜神祈禱爲迷信。雖然。迷信固無理。而亦能使人敬謹也。以故欲決此問題。是不可不究其果合於理與否也。

第二爲未得確證之事物。而以他物論證之也。如地球旋轉與否之問題。則必證之以太陽不動。蓋以太陽不動。先有證據故也。

或有二命題。以互相證據者。如謂有形物爲確具實質。則神亦未嘗無實質。何以言之。蓋人之感觸。無有詐僞。因無詐僞。遂能判別。然人之感觸。由神而來。既以感觸爲實。則神亦何嘗虛也。固曰神與有形物同一具實質之物也。又神之存在與否。則以五感之眞僞而知之。其感而眞者。則可證神之存在矣。先哲曰。有有形物乎。曰有以有神故也。有神乎。曰有。以有有形物故也。

第三爲關於原因而誤者。蓋本非原因而以之爲原因也。如洒水不能及三十尺以上。而以爲被空氣所壓。遇饑饉戰爭之禍。而歸罪於彗星之類是也。是皆無原因而以之爲原因者也。

或取其不相關係以爲原因結果者。如以星辰爲關於人間運命。以所生年月鑒別禍福。諸如此類。皆卑卑不足道。學者所當不屑出諸口也。

第四爲論說事物。於其部分內。有所未盡。徒摭拾其一二端。以論全體者。如謂商賈多狡詐之人。盜賊多嗜慾之人。官吏亦往往如此。凡有此等人。莫不皆然也。則虛僞莫甚於此者。蓋欲得其眞正結論。則非盡證引其同類不能也。

第五爲因一事或偶然之事而定斷其全部者。如學哲學者中有一人爲不道德之惡賊。而遂以哲理爲可惡。哲理爲不可學。或以專制政治家爲屢行殘虐。而遂以專制政治。皆無異於殘虐。或以一歷史爲有虛僞。而遂以爲槪不足信。或以宗教家有迷信而遂以宗教爲皆屬迷信是也。

第六爲部類異而結論同者。如某動物之靈魂。可歸於消滅。因以云凡有靈魂。莫不盡歸消滅也。

第七爲因於人因於事。以概論其一般者。如人言多詐。故汝之言。予不信也。

第八爲以其時代情形之不變易。而遂以前事。論及將來。如謂昔既如此。今亦何莫不然之類。是也。

第九爲兩面俱可置說者。蓋其說游移兩可。無一定之斷定也。

第九節　詭辨之原因

夫人之所以陷於詭辨者。其原因甚多。請詳論之於左。

第一爲研究事物。未能透達。卽遽行斷定。　夫事物無論如何。必須研究之而後決定。則謬誤不生。然性急之徒。往往以費時勞力而憚爲之。故憑一時思想所及。據爲定論。遂至妄行褒貶毀譽取舍。推其原因。皆由怠慢輕躁之故也。

第二爲先入。先入有二種。一爲適於眞理者。卽謂事已一定。無須考究也。二爲不適於眞理者。卽謂人各恣其妄論以判斷也。而後者之種類特多。蓋或因於習慣。或因於風俗。多致受此影響也。如世人所稱爲惡者。並未知其眞僞。而卽行惡之。所謂善者。亦未窮其底蘊而卽行善之是也。蓋眞實之判斷。不爲習慣傳說所能搖。而必深爲考究之也。

第三爲私慾　如悲憤恐懼等。皆爲詭辨之原因也。蓋人而迷惑於此。則其爲己之所好者。譬則朋友。雖有缺點。亦在所不覺其爲己之所惡者。譬則仇敵。雖有美德。亦在所必忘。當其歡樂之時。則凡所感觸。莫不欣慰。當其苦惱之時。則凡所感觸。莫不愁損。傲慢者則蔑視道理。以自是其說。怠惰者則力避煩難。而不極其理。外此如有野心暴進之性質者。莫不皆受此影響。而因以陷於詭辨也。

第四爲五感　人生兩間。其被誘於耳目口鼻。徒見外形。而忘其實狀者。往往皆是也。如日月然。實則其體甚大。人以遠故。見其微小。遂皆不知其爲體之大者。諸如此類。世人之爲五感所誤。實非鮮少。故不可不深注意之也。

第五爲想像　世人耽於想像。因而墮入誤解者。亦屬不少。如呪咀狐魅等。皆信其能有作用。又或以虛妄爲實事。空自悲喜之類是也。原夫人之根性。多有不因於實際。而迷於想像以行爲者。如同是一言。出諸學者之口。則人皆重之。富豪之家。行爲不正。則人多諱之。至若貧賤之人。雖品行端方。性學俱粹。然其議論。人多輕忽之。又有見狀貌雄偉者。則以爲高貴。形容猥瑣者。則以爲卑賤。此等見識。誠不知何自而來。正所謂道理以外之想像也。

故不絕詭辨之根。則人類之謬誤不去。而絕之之法。則惟有於其所見。視之確鑿。若有未明了者。則細行觀察。以罄其底蘊而已。若勉力爲之。亦庶幾可得人間知識之正鵠乎。

第五章　方法

於每事每物而窮鞫之。則謂之思想。比較兩端。斷其當否。則謂之判斷。判斷卽爲命題。又比較判斷與命題。以論其當否如何。則謂之論法。於上論俱已詳明之矣。

凡人類之考究事物。其範圍須狹。宜每物以討求之也。蓋天下之事物雖多。而人之想像有限。斷不能以凡百事物一時可以考究之。故必須分爲部分。徐徐以咀嚼之也。而分之之法有二。一爲分解法。一爲總合法是也。

第一節　分解法

分解法者。譬如遊山。或攀援而上。或紆迴其途。或循小徑。或遵大道。以漸而登峯造極也。總合法者。如身在山中。放觀審愼。一得門徑。卽遵之以達峯頂也。要之分解法乃由其一部分。而漸及各部分者也。

第二節　總合法

總合法者。由分解以後。而知其一定之目的也。如察時表。其針因何而行動。機軸輪齒。作用如何。是爲分解法。及至考察其各部分而因以知時表之全部。是爲及於總合法也。故於論理學言之。則分解法者。由部分以及全體。總合法者。由全體以及部分也。

無論如何邦國。學者之所以各異其說者。則皆因其所據之法各異故也。蓋其因於惟物之原理。以成學說者。則爲惟物家之說。其因於社會平權之原理。以爲政治說者。則爲平等主義之說。各有所據之法。卽各異其說也。

以方法而論事。則謂之定義。區別事物。則謂之區別。因定義以定事物。以區別而定廣狹。是爲議論最要之件也。

第三節　定義

定義有二。一曰言語之定義。一曰事物之定義。是也。

第一言語之定義者。　謂對於此事物。當用何等文字。此等文字。當含有何等意義。若其意義繁多。則當從何意義也。如世之所謂自由者。無論善惡良否。皆莫不須有自由。而不知皆有限於眞理以內者也。故能明此義。則無誤解之理矣。

第二事物之定義者。　謂欲考究一物。精詳而區別之。則不可使與他物種類淆混也。如定人之定義。而謂之爲『生活之動物』。則爲謬誤矣。夫人之於動物。非無自具之特性。今以生活動等爲其定義。是與動物混亂也。今舉定義之三則如左。

(一)一般　謂能通用於其類中之凡百事物者。即如人類。則須用其所以適合於一般之人類者也。

(二)特質　謂祇用於其類之事物。而不及其他者。即如人類。須用其祇爲人類而設者也。

(三)明　謂其意不可不明暢。若模稜兩可。以及不關緊要之語。切須避之也。

第四節　區別

區別者。謂區分全體之部分。即區分部類及其特性也。其法如下三則。

(一)完滿　謂區別事物。而盡網羅其全部。無使少有遺漏也。如分地球以爲四。亞歐美澳。即爲不完滿矣。以其尙餘非洲一部故也。

(二)平均　謂相稱也。如區別世界。於五大洲之外。而加日本以爲六大洲。是謂不平均矣。何也。以日本爲蕞爾海島。各州地大。不能相稱。必須附屬於亞洲之內也。

(三)直當　如區別地球。若以中國日本朝鮮等各國詳細條舉。無有終極。故必先區以五大洲。而後漸及各國。乃爲直截了當也。直當云者。謂順於次序。由廣而狹也。

於行區別之時。不可不注意於上三法。而處置其事物思想事件等之次序。則必須以整頓之名區別之也。

第五節　整頓

整頓者。謂所以處置事物、思想、事件等之道。而從其道理以處置之者。則謂之自然整頓。如處置書籍。因其種類或因其時代是也。人爲之整頓者。則因於書籍之大小。架格之高低以定其處置也。

夫天下之學。二分之。卽爲經驗之學。及論理之學也。而經驗之學。乃含有物理博物化學天文等。其有見天地之現象。而想像其理。皆謂之經驗也。如以雷爲電氣。則證之以電氣機器之實驗。蓋以一見難判其眞僞。必須實驗以定之也。又如因於事物。亦難以解明之。則須先定之以爲研究者。如太陽與地球。其旋轉與不旋轉。猝難斷定。以故先假定之以爲旋轉。次而考究恒星行星之運動。故謂之假定。此假定而有合於實際。則謂之學理也。又如歷史亦須審察其百般證據。以證其實際。此亦不外經驗學也。

至論理之學。則爲根於原理之學。而因於知力之作用。以論述行之於世也。如哲理數學神學等。卽屬此範圍。蓋以此等學問。自其原理以及於終點。俱無須於機械。以爲實驗者。惟理正而論法不誤。卽自能得其結論也。

第六節　論證

論證者。乃表發眞理之方法。以既知之理。而證其未知之理也。

第一表顯事物而爲之立證據者。謂之內證。譬之靈魂。以其有思想之力。有判斷之能。卽可證其爲有法度有形狀矣。何也。蓋以其如無形狀。無法度。則於物質。決不能考驗之也。

第二當證驗事物之時。而取證據於其他者。則謂之外證。如廟殿宏麗。則可證其有大工作。世界不毀。則可證其有造物主也。

第三推求原理。以證其結果者。謂之先天的論證。如火能延燒。若放之屋宇。則必爲所毀也。

第四因於結果以證其原因者。謂之後天的論證。例如有物被火燒毀。因以知火能燒物也。又如因其人所行爲。以察其才智之類是也。

第五直接以證其事理者。謂之直接論證。如節制飲食。於衛生上有大利益也。

第六間接以證其事理者。謂之間接論證。是因以說破反對者之謬說者也。例如不節制飲食。則不能不有害於衛生。或如大食者有害於衛生。故不可不節制之也。

以上所陳述之定義區別及論證。皆所以明眞理者也。

第六章　眞理

事物而有合於思想者。則其思想可謂之眞理。蓋眞理乃存於思想與事物一致之中也。

眞理者。假設以區別之。可得爲三。其全屬無形者。謂之無形的眞理。實有合於理想者。謂之有形的眞理。關於正理公道者。則謂之道德之眞理是也。

眞理者。因於事物。而有明了有不明了者。其一目了然者。則謂之直明。必須考究乃能明瞭之者。則謂之間明。今舉其二例於左。

直明之例　一物不能同時而有無也。

間明之例　靈魂者。單一也。靈魂而非單一。則不能思想及判斷。故思想與判斷。即所以證靈魂爲單一也。

第一節　確知

確知者。謂毫無疑惑。而確然知其事物之故也。故眞理者。謂其適合於思想之實地。明了者。謂無礙視於事物與思想之間。確知者。謂確知己之思想能適合於實際也。

確知者。因於事物。可別爲三種。卽如無形物而爲理想的者。則其確知在於明了與當否也。其爲實在物者。則其確知在於經驗也。如石無阻礙。則必自落。太陽必東升是也。以其爲人類日常所目擊而經驗之也。其關於人所行爲者。則其確知在於人類日常之言行也。如人而無故。必不妄言。故信人之言是也。

其第一稱之爲無形的確知。第二稱之爲有形的確知。第三稱之爲道德的確知。是也。

第二節　確知之程度

以人而論。則確知原無程度。蓋非確信。則其確知之力薄弱。亦不得謂之確知也。

雖然。若以事物論。則必須存有程度者。蓋於事物有證據多少之區別故也。其爲確知之最確者。則爲因於理想而確知之。卽如方之不能爲圓。此決無可疑者也。而於經驗之確知。則大與之異。誠以非不知之而必須經驗之。乃爲確知。此爲吾人所宜注意者也。

第三節　知識

知事物者。謂之知識。不知者。謂之無識。非全不知也。然皇惑於眞僞。未能決定。則謂之疑惑。雖未全行決斷。而已着意於其一者。謂之存意。雖非自行研究自行決定。而因人所指導而確知之者。謂之信。譬則子信父訓。弟信兄言是也。他如歷史。亦非由己所實驗。乃依信昔人所傳者。畢竟亦不外信也。

第四節　謬誤

不合於實際。爲不的當之判斷者。謂之謬誤。謬誤與無識不同。無識乃全不知事物。無有判斷者也。亦與疑惑不同。疑惑者。無判斷之能也。又與存意異。存意者。未及確知。故不能判斷也。然則如何乃爲謬誤。則以當知力未明之時。而以意思判斷之故也。雖然。謬誤與虛僞。亦自互異。蓋虛僞乃逆己之意想以斷定者。謬誤乃因自知不明以斷定者也。虛僞乃所以欺人。謬誤乃所以自欺也。

第五節　謬誤之根本

謬誤之原因。不外於知力之欠缺。與意志之放逸也。然若更窮其眞原因。則稍有與詭辨派之原因相同者。爲其怠惰。遂不深研究。爲其傲慢。遂不欲示己所短。以及爲其他私慾而欲速論斷之者。此爲好學之士。所宜深戒也。

第六節　確知之存在

於上數篇。乃以研究各種之知法。然眞正確知之問題。不得不因此而起矣。然則如何乃可謂之眞。以吾所見。則宜因否定以正可定也。蓋知而不能確。則人決不能生活。譬之太陽。日必出現。故動植物藉以生存。人或曰。實際固然。而學理上亦如是乎。雖然。學理而若與實際相反。則是所謂空理。毫無切要也。卽如懷疑家。其於凡百事物。皆屬懷疑。然彼亦有確知者。則以其確知其懷疑故也。然則以人類爲無確知。決不能行也。

夫人之所以得有確知者。則以有知力、本心、五感、故也。其說如下。

第一知力　人類而有此能力。故能直接以明道理。或因論證以知之也。其直接以知之。無異眼目之視實物。其合於理與否。自能釋然而無所疑。何也。以其昭昭在目。一無糢糊也。如原因結果。雖無別例以證之。而一顧自能明其理。或如二與二合而爲四。則直不須推考。而自能知之也。

由論證而得知者。亦與之無異。夫論者何也。乃比較原理與原理明白之點。以照察於漸次蒙暗之點也。故每於事物。皆明其理。即以互相比較。則其結局自能明解。毫不讓於直接之確知也。稱之爲理證。

第二本心（或云內感）　人之感覺可分爲二。其一乃感於心中者。其一乃感於心外者也。前者謂之內感。（本心）後者謂之外感。內感云者。謂感自己所存於內部者。即如自知己之志望好惡等是也。

第三外感（即五感）　以知力雖得以考究道理理想及各種之性質。而至於外界實物則非在其管轄之內。故必須藉外感之力以確知之也。詳而言之。即外界之凡百事物。先須依耳目等之五感以確知之。而後始依於知力以確知之也。其作用即所謂感覺也。

五官而有所感覺。則必須極其當否。而極之之法。乃以所得之一感機。而因於他感機以檢查之也。如視官所得者。則以聽官檢查之。或以觸官檢查之是也。如此而結論仍不得其正者。未之有也。誠以於此而不確知。則雖人類生活。亦漠然而難明之矣。

約而言之。人之知識有二種。一爲理想者。一爲實物者是也。理想乃因於知力而直覺。實物乃經於內感及外感而確知之也。

理想則無關於時代及境地者。古代之理。即爲今日之理。過去之理。即爲未來之理。絕無差異也。至於實物則不然。千里之遙。百年之久。則決非感覺所得而知。必須身生其時。親履其地。乃能知之也。故稱之爲歷史之確知。

夫歷史者究以何人所作。乃能確信之乎。此等問題。今可不論之。雖然。概而言之。其爲世上確實之歷史者。卽因於確實之憑證而已。故著史者。須求合於左之三則也。

第一　宜於其事實有完全之知識。

第二　於纂述事實時無欺人之理。

第三　卽欲欺人。亦不能有其地位。

夫著述史傳者。必須有深大之知識。而又有確鑿之事實。兼斯二者。可稱之有良史之材矣。

至於百般事實。亦須探究其原因實情。蓋以原因不明。實情不知。則無由以去取也。夫知原因與知實情。原不相同。實情乃因於外感而知者。原因乃因於知力或學力而知者也。

又無論考察者之爲己爲人。若其所據確實。卽可謂之確知。此則不獨感覺爲然。卽知力亦莫不然也。蓋人之知力原屬同性同質。甲之所信者。則乙亦不難信之。旣皆信之。故稱之爲公感也。

要之確知者。無論其所來如何。若未得憑證。以確然斷論。則不能定之。而其判論。乃悉在於吾人胸中也。譬之郵政局。其斷定各地之所調查者。惟在於局長一人之知力也。

第三篇　形而上學

形而上學者。可別之爲四種。一曰實體學。二曰宇宙學。（有形學。）三曰心理學。（靈體學）四曰神學是也。

甲　實體學

第一章　有

凡無論何等物類。莫不有形狀色彩者。然亦因各物而互異也。如園林草木。其色或有紅者。或有綠者。山岩頑石。其形或有圓者。或有削者。雖然。不問其形狀之參差。色彩之同異。而概可稱之爲『有』。夫有者爲萬物之根本。而形狀色彩因之而生者也。無有則天地間萬千現象。一無所見矣。由思想上觀之。則形色等之區別。先在於外面。而由道理上觀之。則『有』先存。而後生各種之區別也。故最始附於吾人理性者。即不外於觀念也。

是故有之理者。與宇宙之原理。無論如何言論。亦莫不發始於此。如鉛筆。當其論之之始。即不能先及於有無問題。蓋既已存在。則不能謂之無。既不存在。則亦不能謂之有。誠以有與無。不能並時而共存故也。此外凡百事物。無以異是。故正論先不判定。則各種理論不能生。蓋所謂無原因則無結果。甲似於乙。乙似於丙。而甲與丙遂以相似。必先判定其有無。而後生有理論也。

植物學者之論植物。物理學者之論光線重力。天文學者之論日月星辰。地質學者之論地文地質。皆各守一學。以從事於專門也。惟實體學則不然。實體學者。研究宇宙萬物之實體。即爲討論天然共同之理也。

抑科學者。乃討究世界之實在物。所論徒有一小部。其範圍極隘也。如爲電氣學者。其範圍祇在於電氣。植物學者。其範圍祇在於植物也。而至於實體學。則乃探討森羅萬象之原理眞體。其範圍極爲廣大。故亦稱之爲萬學也。其學理之於各科學。恰爲骨髓之於人身。因之而他學之原理。得以保其地位。即爲以百物之根本爲有。以討究有之學。爲諸學之根本也。進而言之。則學科成立。不獨因其感覺與經驗。而必須假於性理之學也。而實體學之原理。即爲之明燈也。爲之向導也。能使其明之。能使其不失其道也。

第二章　有之定義

第一節　有

有者何也。此不能以言說解明之者。惟取過去所發明者。以爲例證而已。若無有

哲學綱要

過去之例證。則亦無由以詳明之也。夫凡百事物。皆因於有以爲說明。譬則如石。石者有『有』而無情者。人則不然。有『有』而又有情者是也。故不能詳明之也。

第二節　無

與有反對者。謂之無。無可分爲二。曰絕對的無。曰相對的無是也。絕對的無者。謂終無有之。相對的無者。謂現在爲無。而終未能決定之也。如以圓爲方。此必不能行。即絕對的無也。支那革命。現雖不能。而於理有可望。卽相對的無也。

第三節　實在

兹有一物。有其所應有者。謂之實在。無有其所應有者。謂之欠缺。或則非所應有而無有者。謂之不存。而欠缺及不存。則無說以解之。惟「有」則以間接考之而已。譬則考暗。而不能考暗之本體。乃考其不明者。考慮而不能考慮之本體。乃考其不實者。此類是也。其欠缺不存。亦惟有以「不足」考之而已。

第四節　想像的有

譬則如種類及部類之思想。是非實在者。不過爲人類所假定而已。即如形色。亦非存於人心之外者。如大形靑色。雖則存在。而其大其靑則不存在也。蓋此等乃根於現性之作用。而思考其抽象的者也。

又考究不存而如存者。即如前例之爲虛爲暗是也。蓋實際如斯者則爲不存。又不止於明眞之欠缺不存。而至於人類則爲實存也。

又想像之作用。有假設以爲思想者。如金之山。方爲圓。此乃自金與山方與圓聯想而有之也。

第五節　有之性質

有者。乃因下此三者以爲成立者。曰對於自己而爲一。曰對於人之理性而爲眞。曰對於人之意思而爲善。（適宜）是也。

一（或謂統一）　一有二意味。其一則爲無二。如天無二日。人無二君之類是也。其一則爲無別。如靈魂純一。無分爲部分之類是也。

其有二者相通則謂之同一。如玆有二命題。其形容相異。而意味相同是也。雖然。其全然同一。亦各有所差別者。如茲有二全球。其容積重量價値雖相等。而其根原之物體已異。卽不得全稱之爲一物矣。此之異點。實爲百物之參差因之以生者也。又有動作雖自互異。而其爲之卽如一者。或謂草色固綠。樹色亦綠。是爲其部分形容之類似者。甲之石與乙之石其量相等。是爲其重量之同一者也。其他如各箇物之分離的則爲數。含有的則爲集合。如於此有二十人。每人數之。是卽爲數。若總合之卽謂之衆。是卽集合也。

眞　存在於天地間之森羅萬象。無論其爲何者。莫不皆有知識。卽研究知識之標的是也。而順其自然以爲知識。有合於思想與事物者。是爲知其眞。反之而不合於事物與思想者。則爲無也。

善（適宜）　物體互相適合。而各補其所不足者。卽謂之善。如光明適於吾人之眼。是爲眼目得其所善是也。

善有二種。一爲取之己身而善者。二爲取於他人而善者。取於己身而爲善者。卽如人類。則以眼目爲其善。庖丁、則以屠刀爲其善是也。蓋適宜者、乃萬物所得以存在者。如無之則雖天下何者。亦不能保其地位矣。如以人魂附於野猪之體。則非復爲人。以猪魂附於人之體。則非復爲猪也。取於他人而爲善者。乃附於他物以助長之完滿之是也。如食物之於動物。學問之於知識。卽爲其最適宜者。其他雖何物體。亦莫不有其適宜也。若反之而對於他物不適宜者。則爲盛夏之於火。嚴冬之於扇也。其種類可別之爲三。曰無形的惡(不適)曰有形的惡(不適)曰道德的惡(不適)是也。

無形的惡者。謂下部類無有上部類之性質也。如金石與植物相比。則金石爲劣。植物與動物相比。則植物爲劣是也。雖然。此等亦不可謂其有所缺陷。夫金石有金石之本質。與植物本質自異。植物有植物之本質。與動物本質自異。不然。則金石而非金石。植物而非植物矣。畢竟此之差異。卽所以生部類之差別也。

有形的惡者。乃謂物體所應有而欠缺之是也。如牛馬。祇生有一目。則其於實在。爲有缺點矣。

道德的惡者。其惡比之前者爲甚。何也。夫理性的動物。必須遵其理性之正道而行也。其不道德之行爲。是爲行其所不合於理性者矣。

夫所謂惡（不適宜）者。果能行於全然的者乎。無形的惡。乃因於比較上而生。可無着議。至如有形的惡。則決不然矣。譬之植物。去其一枝。則可謂之欠缺。若去其全樹。則不可謂之欠缺矣。何則。以無其可謂欠缺之目的物故也。而至於道德的之全然之惡。則不可謂不得全行存在者。蓋其人而若全趨於爲惡。則其人之心。即有全然之惡存在故也。

（附錄）美　百物而能保其地位。則秩序階級因之而生。譬之屋宇。由廳堂而至於寢室。階級井然。如肖像自頭面而至於足趾。秩序整然。而美者乃欲從一理想。而使各物歸於一致者。雖然。亦有其數異其色。且一致而不得完全。則不得全稱之爲美。又其比例亦以得其適宜爲要。卽如鼻之或長或短。不可不與他部互相比較也。次則必須華麗光輝。卽以其比較而發揚其所一致。始得爲美也。概而言之。則所謂美者。必須其各部完備互相平均。且皆以光華發揚之也。

美又有感覺上之美。與理性上之美二種。感覺之美者。謂依於耳目之二覺。而他之三覺。則不能辨別其美也。理性上之美者。乃自耳目而來。謂理性樂其美也。如建築等之美。則有關於感覺及理性。演說等之美。則獨有關於理性也。

又美之性質。可別爲二。一爲精微而美者。如日本之漆器細工。一爲雄大而美者。如望富士山。前者爲樂於優美的。謂之纖美。後者爲樂於雄壯的。謂之崇高。而崇高則常屬單純。單純則常不崇高也。

第三章　有之區別

當宇宙之初。若無一物生存。則雖閱數千萬年。亦無如此之森羅萬象。然既有此之一物。卽爲無限。所謂原物是也。而因之以生者。乃爲有限物。又稱之爲被造物。

被造物可分爲二。一爲既已實在者。（實在物）一爲可得實在者。（可能物）而皆以爲本質或附屬也。本質則有生活者有不生活者。生活者分之爲三。曰植物。曰動物。（禽獸魚蟲等）曰人類。植物則祗有繁殖之性。動物則不特有繁殖之性。且有運動之力。而人類則不特能繁殖運動。且有明析事物判斷道理之知力也。（尙有人類動物植物之區別。則於神學論述之。今從缺畧。）

第一節　無限及有限

有限者。謂有其極度而有所限制。因之不能有充滿之望也。如人之身體。雖屬如何完滿。亦不能盡以施行百事也。無限則全與反對。無有際限。無有範圍。因以時生不足之感。而具有充足之志也。是故於無限以上。而更欲完全與美善者。畢竟非想像所能得。誠若雖如何美善。如何完全。而想像猶可能出乎其上。則是非爲無限而乃有限矣。而於此點所宜注意者。則於無限與無定。切不可兩相混同。譬則有石於此。其數卽增至幾許。亦無不可。此乃無定。謂之無際限。而不得謂之無限也。蓋以有其數。則雖至數百千萬。亦尚可增加故也。外此無論何物。其無際限而有其數。可以計度之者。皆不能謂之無限也。

凡以數增加之無際限。既如右所云。至其減少之無限制。則須別有解說矣。譬則有方寸之黃金於此。是若可得爲無限者。然若以之比於方尺之黃金。則其量爲鮮少矣。其量既小。則決不得謂無限也。

第二節　實在物及可能物

由原物而生之森羅萬象。即爲被造物。是皆必須實在物與可能物之二者。而實在物則謂固已存在者。可能物則謂今已不能存在也。譬如礦山則爲存在。若金山則雖非不存在。而亦不能爲存在矣。至於不可能者。則謂之不能物。不能物有二。一爲絕對的不能。乃謂合互不適宜之性質也。如無端之機。無方之圓球是也。一爲相對的不能。謂依於理雖非不能。而不適於其運動之力也。如以十人之力。能運如許重物者。若以一人之力。則爲不能之類是也。而可能則因於其理及原因以爲實行者。詳而言之。即爲因於使其相合之原理。及使其能行之原因以爲成立也。譬之以黃金造肖像。雖則不難。若以水造肖像。則決不能矣。以其無使其然之理在故也。又如有金屬於此。亦自然不能鑄造肖像者。亦以其無使其然之原因在故也。故稱其理謂之本能。稱其原因謂之外能。若本能已有存在。而原因雖則未起。亦可目之爲可能也。

又被造物（即有限物）之生也。原根於原物。且根於其物之理。（本能）以爲可能及實在者。是其爲有關於原物矣。蓋被造物之生存。皆本於其原物。若非被其力於原物。則雖數百千年。亦無生之之理也。又原物而不爲之。則其實在及變遷。亦一歸於無也。要之內部之可能。則不關於原物之力與意。易而言之。即爲其所自有之理。而原物之意志及作用。不能變動之也。至外部之可能。則全與之異。以其祇根於原物之意志及作用故也。

雖然。無論其爲內部外部。其可能性。即雖至少。亦有幾分類於原物之本性也。即彼等皆發源於原物。不能有原物之所不有也。詳以言之。則以非原物之知慮所存者。決不能存。非原物之所有者。決不能有。蓋被造物之所有皆根於原物故也。

第三節　本素及存在

本素者。乃所以爲可能之基本。卽以之爲成立萬物者也。雖然。此不過爲物象之觀念。存於造物主之心中。而未現爲森羅萬象者也。其已現出者。則稱之爲存在。既有存在。必有性質。性質者。乃百物之所以爲用。無性質。則無各種之運動作用也。而性質則又含有本素及自本素所出之物性。其與本素之區別。頗屬渺茫。不可討索。而畧爲別之。則以本素苟有欠缺之點。必不能存在。如性質則雖有多少欠缺。亦可能存在是也。譬之人類。其本素而有欠缺。則必不能製造爲人。若如盲如啞。乃爲性質之所欠缺。亦尚可能爲人。不過其不完全耳。

第四節　超性

超越於本素者。則謂之超性。超性有二。曰相對的超性。曰絕對的超性是也。相對的超性者。乃由此較上而有之。如人類者。有知力。而鳥獸則無之。故若取知力於鳥獸。是爲超性也。又如鳥獸者。有感覺而草木則無之。故若取感覺於草木。是爲超性也。又如草木者。有生活之能。而泥石則無之。故若取生活於泥石。是爲超性也。絕對的超性者。乃謂無限而勝於有限是也。卽爲因於無限。而有造成浩大人物之全知全能之力是也。而對於人之絕對的超性之知力。則高其一級。或可能得。至若居於其上。則不能矣。是故有某哲學者分之爲可知的不可知的二種。蓋吾人觀天下之萬象。雖知有其大原因物及其全知全能。而其性質之屬如何。則亦未深知之也。

第五節　本質及偶性

本質者。乃物之所本有而不附屬於他物。自能獨立者也。偶性者。乃屬於本有內。而不自能獨立者也。故畧而言之。則本質乃屬於內部。而偶性乃屬於外部也。如有物於此。其物之所以爲物者。是爲本質。其尺寸形狀。是爲偶性。又如植物。其植物之所以爲植物者。是爲本質。其彩色。則爲偶性也。而偶性之於本素。其有如何之比較的差異。則本素爲必不可不存。又必定須如此也。至偶性則固屬存在。又不必定須如此也。即如顏色之宜於白或宜於黑。如形象之宜於大。或宜於小。不能確然決定也。

第六節　本質之區別

本質可分之爲單純及複雜二種。單純者。如酸質、水質、窒質等各原質。乃謂其本質。而複雜則如空氣。乃由數原質所合成之本質也。或分之爲完全與不完全。此亦無不可者。卽爲完全。乃自己全備。而不須與其他相合。如人鳥獸草木是也。不完全。乃自己不全備。如手足枝葉等是也。其在石、動物、植物之無理性者。則謂之無理性本質。如在人類之有理性者。則謂之有理性本質。卽如石。乃被動於他物而動者。如動物。乃被支配於感覺以動。而不能自有所支配其身者。獨至於人則不然。固雖如動物之有感覺。然以其有明晰當否之能力。乃被支配於己之理性者也。

第四章　有之關係

第一節　本元　理由　原因

本元者。其義卽如本字之意。如火之延燒。其所本卽在於火種。如衣之裁製。其所本卽在於絲線是也。理由者。乃爲宇宙之所以得有存在者。無理由。則萬物不能得其所也。如有物於此。必須被支配於存在與存在之理由也。原因者。乃爲宇宙萬物之活動及其他之所因者。如屋宇之毀壞。因於有大風之故。國家之衰弱。因於民氣腐敗之故是也。而本元與原因相異之點。則本元者。與其所關不能相離。原因乃全與其結果相離也。譬之思想之本元。可謂之知力。而思想之原因。則不得云然。蓋人之思想者。離於知力。則不能存在故也。猶有可注意者。則不可比較本元之與原因。以原因爲與其結果相離。而以本元無不與之相離也。蓋原因者。不過指其一部而言。本元則不關於離合如何。不能實指之也。而理由則乃附屬於本元或原因者也。

此三者（本元、理由、原因）之原理所由成立如左。

(一)生而爲連接者則有本元。

(二)有『有』則必有理。

(三)有結果則必有原因。

第二節　本源

合稱本元、理由、原因、謂之本源。

本源可分之爲四種。如鑄造肖像。第一鑄造。則稱之爲動作。第二則所以鑄造之之故。或爲名譽。或爲金錢。則稱之爲目的。第三則用以鑄造之者。或用木。或用石。稱之爲材料。第四則鑄造之之制度。稱之爲型模。

(一)動作　動作有二。曰自動。曰他動是也。譬之吾人策杖郊外。是爲自動。如筆如箸。其運動必須假吾人之力者。則爲他動矣。更深而言之。如吾人之步行。必須

有力而力乃假自原物而來者。是此之眞自動。乃爲原物也。至於此世界。吾人所謂自動者。乃對於自己所動而言之。故可得謂之爲

自動於絕對的者。惟原物爲然也。

如人類之自動。則相對的自動也。

於動作而論其本源。則又有二別。曰通有。曰特別是也。如火之延燒。其原因在於不愼。則爲通有。而謂彼之火。乃因此火而燃。則爲特別矣。又動作之原因。可別之爲全部的及部分的二種。如以一馬。曳一車。其馬卽爲運行此車之全部的原因。若以三馬曳之。則不能謂一馬。爲此車運行之全部的原因。而爲部分的原因矣。蓋以有三馬共曳行之也。

又或別之爲有形的無形的二者。如欲殺人。而自行殺之。卽爲殺害之有形的原因也。若倩人代殺。是爲運動之無形的原因也。

運動又有故意者。有偶然爲之者。如攻擊某人。乃出自其平日所厭惡者。是爲故

意的原因若非出自厭惡之心。不過偶然爲之者。是爲偶然的原因也。
又運動有自由的不自由的之別。如人之行事。其出之一己之心意者。卽爲自由的。非出之一己之心意。而被制於他人以爲之者。卽爲不自由的也。
(二)目的　目的有二。曰動作之目的。曰動者之目的是也。如資助貧民。其動作之目的。固所以救濟之者。而至其爲此動作者之目的。其或以邀名譽乎。抑以修冥德乎。其或以贖前愆乎。則各因其人而異。而爲近接的、中間的、結局的、是也。試觀之人之運動。當其運動之時。卽爲近接的目的。而因其運動以得健康。則爲中間的目的。得健康則得以遂終身之大目的矣。是卽爲結局的目的也。
(三)材料　材料者。即所以此一事物之材料也。譬之建築屋宇。必需木需石需釘之類是也。
又如無形的。則爲著書演說等。必需言語需文字之類是也。
(四)型模　型模者。乃百物因之以裁制者。如造屋宇。鳩工之始。必須先定規模。

乃能經營之也。而型模又不能與材料相離。卽如屋宇。若規模而與木石等材料相離。則無所以爲屋宇矣。至型模之本源。則到處俱有存在。或出自繪畫。或出於自然物。或出於造者之心。莫不皆然也。

第三節　條件及偶件

大凡本元。必有條件附屬。如今有大工作。被風雨所阻。雖材料型模等俱已齊備。亦不與工也。爲風雨所阻。卽爲其條件也。其他雖屬如何。若非以不一定而得其一定者。則爲條件必不能免也。

又本元亦有偶件。如有一善士資助貧者。而當其資助之時。彼非早已自知必遇此貧者。因以生憐憫之念。而資助之。不過動心於偶然而已。此卽爲偶件也。蓋假令遇於貧者。而非慈善之人。則決無憐憫之矣。

偶件雖非生結果。而結果則因於偶件而起也。

第四節　結果

由上所陳述之條件偶件以及其他之各原因而生者。即謂之結果。結果可別之爲三。曰形體的。曰德能的。曰超高的是也。如有鷄雛。其雛之性質。若在於母鷄而言之。則謂之形體的結果也。又如繪畫。其存於繪畫中之實物。乃非存於畫者之腦中而存於畫者之手力也。故稱之爲德能的結果。而超高的結果。則譬如門徒之知識。乃含有於其師之知識內。如所謂有限之能力者。乃存於無限之能力內也。

要之結果者。無論其如何種類。若無原因。則必不能生。若非原因之所存。則必非結果之所存。諺所謂自不有之者。不能讓於人是也。然則因結果以推原理。亦得以溯於原因矣。易而言之。則有限者。皆以結果所推求。而由無限以得之也。

就上所述。已畧盡實體之大體。故由是進而論其有形物心靈物焉。

乙　宇宙學

夫世之所謂科學。如物理、化學、天文、地理、等皆各定範圍。研究測驗。以討索其部內之一切法則區別等。由是而進以知天下之法理焉。雖然。其所定之範圍。止在於現象者。而未及於萬象精銳之原物。而所謂宇宙學則不然。以五感而爲視察。以實檢而解晰其理。因萬象以研究其本源之原物者也。

宇宙之意義。乃美物之謂。即謂所以成立之之美也。易而言之。宇宙云者。乃由美物所組織。由美物所成立之謂也。

第一章　實體物之材料

第一節　實體物之材料及形狀

夫材料與形狀。乃所以成立百物者。雖然。若祗有材料。而無形狀。亦不能存在。如一巨石。設使爲無形者。則石不現。果屬安在。故所云存在者。形狀必須附屬之也。蓋以有材料。則已有其物之性。若形尚未定。則雖取何等形狀。亦可能得。故形狀已定。始得爲物體也。以故實物體之存在。則乃在於材料形狀二者相締結之原因也。譬之圓球。當其元始之時。形狀與材料。尚未相合。則無其組織之現象。惟有存其思想於作者之心中而已也。

世界亦然。當其未生之時。亦祇有形狀材料。而未有實地的現出。惟存於原物之思想而已。故宇宙者。於現象雖爲有始。而於思想。則以其已存於原物。決不得謂之有始也。希臘先賢柏拉圖之爲萬物之始論。亦不外此理也。

第二節　實體物之分子

夫所以組織實體者何也。其始則爲元素是矣。如水焉。乃因於水素酸之分子而成立者。他如金石。亦皆由各元素之分子所組織。而所云分子者無他。分析之而不可分者是也。夫不可分。則決不能存。而不知不然。何也。若其可分。則方寸之間。亦可謂之有無限之數矣。而此之無限之數者。其不能存在。已如前章所述若然。則方尺之間。與方寸之間。共爲無限。而無所差異矣。

畢竟實體者。乃結合此不可分之分子以爲成立者。雖然。若其不有延長（卽無分劃）之分子。則如何得組織有延長之實體。卽爲分子相附。而不各有延長。則何能爲實體之延長也。又不相附。則何能成立實體也。而不知相附與相合不同。其相附卽所以始爲延長者也。至於如何乃得其相附。則以分子皆具有吸力距力之二者。因於吸力而相接。因於距力而相離。遂以得其中度也。又其所以不相附者。則亦以因於距力吸力而得其所也。譬之太陽與地球。能距離三千六百萬里而不變動者。以其有距力而遠之。亦有吸力而止之故也。故各分子之不相附。亦能保其位置以延長者。此之故也。

第三節　實體之情形

分子者。其吸力强而凝結堅固。如金石是也。或則流動不止。如水是也。或則漫行散布。如空氣是也。古人分萬物爲地水火風。大有類之。而其研究之法。則不甚精密。以其乃原於五感單純之知覺而見之也。即見其固而定者。則爲有地之性。其濕而不定者。則爲有水之性。其輕而浮者。則爲有風之性。其燃而速者。則爲有火之性也。

此之分子。果屬爲實物。抑祇爲力。則世之說者。多不以之祇爲力者。而不知誠大誤矣。蓋以力者。若非藉於本質。則決不能生動。無本質。卽無力也。而有其力之度。則因屬於其實體性質者而異。如非善人。則其善之力必少。如非惡人。則其惡之力必少也。更設例以證之。則如土。以其性不活動而力必少。如水以其性活動而力必多。進而至於鳥獸。其性質比之水土多活動。則其力必比之更多也。

第四節　實體之分量及形容

於物體而具有幾許者。是爲分量。具有如何美善者。是爲形容。卽分量者。謂其數量。形容者。謂其善惡也。而實物之分量。則因其大小多少。可以決之。至於物品。則於外觀。不能無有異同矣。如空氣。極爲稀薄者。今以其量一斤。而比之金屬一斤。則一見之下。孰大孰小。不能無有差異。或又有外觀同而內實異者。如以紙所製之器。比之以木所製者。則外觀絕無異同。而內實則大有差別也。

要之分量者。乃在於分子之數。大小者。乃在於展延之如何也。故有物於此。而欲知其分量則必須極其分子之多少如何。欲知其大小。則必須極其分子之展延如何也。而分量有二種。曰折斷的。曰接續的是也。折斷的者。例如銀條。乃即折斷銀塊而成者也。接續的者。乃即完全一銀塊而未區別者也。雖屬如何。亦不能在此二者以外也。且前者乃數之本。後者乃延長之本也。形容者。乃因於實體物之原性者也。若其組織而本於諸物所合成者。則由各部之性而有之。若其組織而本於元爲一物者。則由其一原理以有之也。而百般之實體。則皆有因於其形容。以有關係者也。

第五節　實體物之關係

夫宇宙者。乃百種實物之所存在。而各有獨立之觀者。然亦皆各有關係。而或則相近。或則相遠也。此之作用。而稱之爲運動。而物之既相近遠。各得其所連接者。則必停其作用矣。例如投石。當其旋轉空中時。雖則運動以墜落。而及其已至地上。則當停其運動矣。

運動有二別。一曰外部的。一曰內部的是也。外部的運動者。謂實際的遷徙其位置。如吾人散步公園。漸行漸以易其地位也。內部的運動者。謂物質身內之分子。互變易其位置也。如有湯於此。熱氣沸騰。於其外面。雖不易其位置。而於其內。滚盪往來。各分子已互易其位置矣。此之二者。雖各有差別。而於其別異之時。別異之地。則如一也。以故運動。卽以其時間及空間爲比例。而較其遲速也。休息者。其時雖異。其地則同。如人之休息。水之止於瓶中是也。

第六節　時間

時間者。乃接續而存在者。卽一時一刻以漸進行也。故分之爲三。曰過去。曰現在。曰未來是也。抑永存有二種。一爲不動而永存者。一爲接續而永存者。前者謂之永遠。後者謂之時間。永遠者何。謂存在於全無變化。無動作。無始無終也。故有不動的現在之稱。而其所屬在。則祇限於無限物。若人間及各種之有限物。則時間附屬之也。蓋時間者。多有變遷。多有區別。而永遠則不然。故萬象之從於時間以有變化。此又不得不然也。

次之則時間與萬有世界。以何者爲有生之前後。是固同時而生者也。何也。誠以世界若無時間。則不能有世界。亦不能存在。時間若無世界。則不能實在。亦不能接續也。以故吾人動則欲時之永久。而延長於無限者。此亦不過想像而已。於實際則決不然也。

至於度時之法。則因於其時中所變化之度數而爲之也。如以有形的物質度之。則因於其物質有幾度減損。幾度變易也。如以心神度之。則因於其心中有幾回苦惱。幾回快樂也。雖然。物質之常態。速則至於破碎。緩則至於省除。心神之常性。苦惱則一日如十年。快樂則十年如一日。故欲以之爲判斷。頗屬不易。然則如何而後可。彼主持嚴正。度數適宜。而且爲萬人所共覩者。非日月星辰乎。而時表卽取法於此。日爲旋轉。以與之相合。卽能測度時候矣。

第七節　空間

空間者。乃森羅萬象所依以存在者。物而離空間。即不能得其實在也。有書一卷。必有長短厚薄之分。既有長短厚薄。是爲有延長。而即所以占居空間矣。而於其空間不可分者。則謂之點。被有制限者。則謂之處。處有二種。曰完滿。曰空虛是也。完滿者。謂於其處有物質完滿之也。空虛者。謂於其處空虛無物也。

又於時間不能計之。空間亦不能計之者。謂之無邊。蓋即無外也。然無邊屬於原物。如永遠之無時不蔓然而存者。雖於何處。亦綿綿存在也。

至空間之與世界。以何者爲有生之前後。則不可以世界爲早。亦不可以空間爲早也。何也。世界而離空間。則不能有世界。空間而離世界。則不能有空間故也。蓋當世界未存在之前。空間斷無實存之理。其謂有存在者。不過理想而已。如設使在世界之一端。向空中以放矢。若其矢而去無止境。則必無有際限也。於是世界與矢之間。謂之如何。是固由空間而來矣。而其所不可不知者。則爲心靈與空間全無關係是也。誠以心靈物無有延長。且即離於空間。亦可以存在也。人之常情。

常有謂「此心者在此處。」是以爲「此心者於此處。此方位。感有其動作發現矣。」而無謂「此處在於方寸也。」

空間時間爲永遠與否。若漠然以想像之。則必以爲無限而永遠矣。而不知非然也。何則。夫空間及時間者以附屬於有形世界。遂與有形世界同其運命矣。而有形世界。是非自能出世。乃原因於其他而有者。故不得謂之爲無始無終。而空間時間。亦不得爲永遠也。

又於學界中有一問題。謂虛空存在於實體物之間與否也。而斷之亦屬不難。何則。夫各實體之所以能縮小者。則必有存空虛於其分子間之點矣。譬之空氣。若無空虛於其間。則決不能壓搾之。如木杖若無空虛於各分子間之點。則不能曲之。而以壓其一方。延其一方也。而於此分子間之虛空。則乃所以結合二箇或二箇以上之實體者。如石油。如海綿。皆可目之爲一例也。

第二章　宇宙之秩序

舉目而觀察天地滔滔之森羅萬象。整然羅列。能成其組織者。及至考其結構。益以見其精密巧緻。是何能而得此乎。曰惟有秩序之故。

第一節　原造力

原造力者。謂生結果之力。有之則世界乃有所謂接續者也。而原造力有二。其因於己身之力而生結果者。謂之有形的原造力。其因於動用以生原因外之結果者。則謂之本質。或謂之形容。而其於形容中所新造之性質。雖則獨存有原物之力。而原造力卽在於實體而生有結果也。蓋物體物者其性惰而自不能動。常被其他所結果而始動者。故生結果。極屬不易。而且須全與以活動之性質。又皆以有共同之性。乃能生有之也。如有一人手書片紙。是爲筆、手、意思所共同作用者。若有筆無意。則不能見其作用矣。而此之共同者。乃原於各種物質之元因的特性者。而其特性。則爲天地萬物之所以得成立者。如猫之捕鼠。馬之曳車。皆各現其特性者也。此特性而不存。則萬物盡成虛無。無動作。無變化。渺渺茫茫。爲一混沌而已。

第二節　宇宙之法則

夫旣有萬物原造力而其使宇宙所以整然有秩序者。則謂之法則也。雖然。法則祇施於實體物。實體之外。法則別無所定也。其有之者。惟有謂其同時而有同原因同處者。則生有同結果而已也。而法則有二。曰永久。曰偶然。永久法則者。謂常不可不然也。如謂『物者有理』是也。偶然法則者。則無不可不然也。如有一人於此。原夫人者。雖屬存在。而無不可不存在之理也。其他如所謂有原因。不可無結果。是爲必不可不存者。若謂有此原因。不可無此結果。則是非必然。而爲偶然矣。人或曰。於此世界之各種法。原皆宜一定不動。而不可變化者。雖然。是言未免過於愚矣。夫此等法則。皆因此世界之實體物存在而生者。設使此實物世界而不存在。則決無所以維持其法則矣。易而言之。則此之世界若去。他之世界若來。其運動必從而差異。其作用必從而變轉。形容必從而移易。則法則又安能一定而不變也。

第三節　奇績

奇績者。謂現象於理法以外者也。夫天地萬物。星羅碁布。皆爲造物主之所製造。而彼造物主之製造萬物。亦非遵於萬物之理以製造之者。不過隨意爲之。因成萬物耳。如燃物以火。此固人所共知者。而設使當日造物主不與以火。而以他物。則雖無火亦可得而燃矣。又若造物主而於火中造有一物。使其不能燃物。則雖以火炙手亦不能熱矣。雖然。若非全體變動。祇不過變其一部之現象。則亦不足以變亂萬物之法則定理也。要之造物主者。因自己之勢力。以變動萬物。或則妨限其原造力。或則反對於其所反對。奇績者。實基於此作用者也。而其如何人類乃得以知之。則其結果吾人自能見之。亦毫無他異。至若其原因。則非經尋究。不可得而知之矣。

第三章　實體物之本末

夫實體物者。無論其爲如何。獨自必不能存在。而須因於他物以爲生也。又其身自不能接續。而必須從於原物之意志也。故從造物之意志以製造之。亦以滅亡之也。實體物者。無無終之理也。

第一節　實體物之變化

實體物之變化有二。曰形容之變化。曰本質之變化。形容之變化者。謂其外形變動。而不及於其本質也。本質之變化則不然。蓋其全體俱受變易也。如變水素以爲酸素。是卽爲本質之變化矣。而實體物者。當其至如何程度時。於己身形容或有不得不變動。若至變化其本質眞性。則獨爲造物主所能。而非他物所能也。至於世界之生。由於如何秩序。則爲天文地文等之問題。而非今日吾人所宜論者。故此等研究。亦任各人所自由。而世人之以森羅萬象爲互相競爭。互相戰爭者。其學說紛紜。無有一定。要之宇宙之所以成立。皆因於卓越睿智無始無終之神也。此則無論時之今古。國之東西。人所共認之者也。

丙　心理學

大凡人類之所以存在者。由於有靈魂也。蓋靈魂者。乃所以爲人類生存及活動之根本者。此根本撲滅。則人身之組織機關。必至亡亂矣。

靈魂之能力。可大別之爲三。第一爲知事物之力。謂之知力。第二爲感之力。謂之感情。第三爲志望之力。謂之意志。

夫生物之別有三。一爲機關的生活。即如植物。祇有生存及接續是也。二爲感覺的生活。即如動物。有生活而且有感覺是也。三爲知識的生活。即如人類。不獨有生活有感覺。而且有知力以處置事物是也。而靈魂之能力。則獨鍾於人類也。

第一章　靈魂之本質

次靈魂而起之行爲。即爲精神作用者。其與實體。原非同道。且非因於實體以行之也。蓋以實體不能自行思想。自行活動故也。請論之如下。

夫世人之釋實體者。無論其實體之之爲單一。爲複雜。而祇謂其分子之爲單一。

爲複雜。據其所說。則前者以爲分子不可分割。後者以宜爲分割也。而至其論法。則各有學派。各自不同焉。其爲第一說者曰。於箇物中之分子者。各有其特別職分。譬如有一分子爲掌意志者。有一分子爲掌感情者之類是也。爲第二說者曰。各箇分子。莫不兼有情知意也。爲第三說者曰。人類之知情感。非在於一分子中。乃各分子所共有者也。故分子組織之成立。先爲實體。而後乃生有知情意也。雖然。此等之說。斷不能以精神作用與實體相合者。如第一說者云。則以各分子爲自有特性。而不知若無適之之道。設使有意志而無感情。或有感情而無知力。終亦不能致其作用也。如第二說所云。則其論法雖異。而至其不能成立。亦無異於第一說也。夫分子既各自有思想。則其合時。必難以組成爲一物也。易而言之。即以各有殊異之思想。則人之意志。於己一身之內。存有差異也。夫吾人意志宜單一而不宜複雜。即其他如目如耳。雖分爲二。而其有所視聽。亦非一時並能見聞二物者。以此可以見意志思想之惟一也。如第三說之所云。則以思想爲立於實物組織之全面。更屬淺薄不足取矣。何也。夫物體者有其部分。而思想精神。則無有其部分也。以無部分之思想而立於有部分之組織全面。其可得乎。

又吾人之思想意志。既爲無部分的。則於物體之思想。亦不宜有部分也。譬之思想屋宇。若其思想而有部分的。則必於此一部分。思想一瓦。於彼部分。思想一礎。此決不能行者也。蓋以無部分則無延長。無延長則不得以之爲各自獨立之存在物也。

第一節　靈魂之單一

要之思想者。乃一而不能二者也。乃單一而不複雜者也。而於吾人之心性作用。則多有足以爲其憑證者。卽如判斷。於此物與彼物比較而後。細以察之。若思想精神不一。則決無由以行其判斷。何也。蓋精神思想而有差別。則二者比較。無由以連接之也。於記憶亦然。如精神思想不一。則決無不忘之理也。他如感覺。其所以能一致者。亦以其精神能一之故。設若不然。則自耳所得者與目所得者。不能和合矣。夫吾人精神。既屬單一。則其不與實體相等。此固不言而知。然若以實體而亦單一。則其能與心體（精神）相合乎。曰。是不能也。說在下節。

第二節　靈魂與實體之區別

夫實體者。於外面觀之。雖似能活動者。而實則非其自能活動。乃被動於他物者也。熟觀宇宙之狀態。上而日月星辰。下而金石草木。無一不能運動者。而尋其原因。則無一不被他物之影響。卽所謂各種之吸力是也。如有片紙。飛揚空中。是非其自能飛揚。不過因於空氣之流動耳。而空氣之流動。則又因於水蒸汽之沸騰。氣候之寒暖等也。夫物體之所以能動他物者。是亦以其身所受之運動。而波及他物者也。至於精神。則全與之異。其所運動。乃自動。而非被動也。非受波及而動也。故物體者。他物不動之。卽不能動。精神（心體）則自行思想。自行活動也。此所以實體雖單一。亦不能與心體相等也。

第三節　人類及動物之差異

夫動物之與人類。其靈魂單一。無有殊異。而其間所以有不同者。則以動物雖如人之有意志。而無有性理。善惡邪正。不知區別。且又不能保持抽象的理想。以解天地適有之理也。而人類則日有發見。日有研究。以致日有進步發達。動物則如朝開美花。夕就凋落。自有生以來。從未見有一日進步發達也。又人類則因其性理。以辨別是非。從於己所意想以行爲。若動物則每有行爲。祇能順其感情。然則人者。乃因於知力以決其行爲。動物者。乃因於感覺以決其行爲者也。要之人類者。天賦之以理性。故能剖別善惡。動物則祇知外界所感激。故以妄亂行爲。而人類動作。乃因於自己之意想。動物之動作。則因於外界所命令。而不能有所自主也。

第四節　身體與精神

夫身體者。自不能支配其身。所有運動。皆聽命於其他者也。精神者。微妙精細。不可言說。而能辨晰道理。且自能支配。兼能支配身體者也。故身體而若與靈魂相分離。則活動作用。必爲停息。生存之道。必至斷絕。蓋身體之於精神。猶之物質之於形狀。如今有巨大金塊。藏於地中。其爲物雖佳。然必須鑄爲品物。利用人世。乃見其爲妙品也。人類亦然。雖有手足耳目。如各種機器之備具。然使無精神以支配之。以活用之。則雖存在亦如不存在。畢竟爲一無用之物而已。故人類之所以爲人類者。由於有精神之故也。

第五節　靈魂之所在

夫精神之所存在。普遍通徹。無處不然也。而其何自而起。則其關於視聽之運動力發現者。即起自耳目。若感於起伏之運動力發現者。即起自手足也。至若謂於其活動之知力及意思作用。爲有關於實體。是則非然。蓋以知力而思想。以意思而志望者。是乃精神以內之作用。而在於實體之範圍外故也。

第六節　靈魂於身體上之作爲

靈魂與身體之關係。於古來聖賢。頗費解說。故尚未有論斷。然因於實例以觀之。

則於其互相密接。亦可以證明之也。夫吾人行爲。常被思想所支配。而有時思想亦爲身所箝制者。而於此互異之二者直接關係。其所因以成立者。則吾人今假稱之爲氣云。

第七節　靈魂之起因

夫靈魂起因。在於何所。則既不得以之爲在於物體之部分。又不得以之爲出自父母。則惟有歸之造物主而已。

第二章　靈魂之能力

能力者。乃所以動作百般之原因。有此能力。則萬物乃得以固其存在。全其性質也。而能力有二。一爲感覺的能力。一爲知覺的能力。前者乃有關於身體及心體者。後者則祇有關於心體也。又從其作用。亦有二別。其一則所謂觀知者。如視聽作用。皆屬此部。其一則所謂慾望者。如愛好嫌惡。則皆屬之也。至於能力之目的物。則更須研究。故今分之爲有形物無形物之二者。以畧述之焉。

有形物者。乃外來之物。感於五官者也。而就其所感。因以生好惡之念焉。而此即已在於感能之範圍矣。如玆有一犬。見而知其爲犬者。是爲五官之作用。而因其作用。以生好惡之念。是爲感能。而感覺及感能。則祇有被動之作用。而無自動之作用在於各種動物。則不得以入於能力之內。而在於人類。則已可目之爲能力矣。蓋動物者。無理性知力。以判定事物。而惟一時之感覺感能是從。人類則不然。其於感能。已具有理性之作用。其爲善者則取之。其爲惡者則舍之。其所觀察。其所好惡。非如動物之盲從的也。

至於無形物。則觀知之者。乃在於知識。判其好惡者。乃在於意志。而智識之所取者。則不在於形狀而在於理否。意志之所取者。則在於其善惡也。是即知識之目的。不在於物之外面。而在於其內面。意志之目的。則以知識所得者而檢察其善惡也。是其與感覺所覺感能所斷無異也。

第一節　感覺的能力與知識的能力

感覺的能力者。乃部分的而非共同的。知識的能力。則與之相反。如有一物。若因於感覺的能力而見之。是不過一物質而已。若因於知識的能力而見之。則無論其物之爲多爲少。而其理想。則爲共同的理想。因而至其性質。亦爲之大異也。感覺的能力者。祇爲被動的。無有自動的之作用。知識的能力則不然。其由外界所感受者。固所不論。而因其所感受。卽能以生各種之自動的作用也。

至於意志亦然。乃因於知識所感受。而令其作用者。其始雖爲被動的。而亦遂能爲自動的也。

第二節　感覺的能力

感覺的能力者。乃謂星散於實體物所感之能力也。如以眼感形色。以耳感聲音。以皮膚感感觸是也。而其附屬於靈魂者勿論。至其作用。則不能無待於有形的機關矣。蓋感覺的能力。與有形的機關。猶之伶人之與樂器。夫伶人雖巧。若無樂器。則亦不能見其巧。感覺的能力雖妙。若離有形的機關。則亦不能見其妙也。而感覺的能力者。乃爲五官之所依據。所以然者。則以有形物之性。能爲此五種外觀故也。因而其所作用。雖各互異。而至其感觸之點、則其揆一焉。舌及皮膚。乃以直接的感觸。此不須論。人當知之者。如眼耳鼻之三感。則與之不同。乃以間接的感觸者。故每令愚人時有疑問也。卽如目之於有形實物。而不直接以感觸之。必須起有光線。乃能見之也。惟耳亦然。竟不直接於實物。而必須鼓有聲浪。乃能聞之也。於鼻亦然。其於香臭之實體。亦不直接之。必須薰有氣息。乃能嗅之也。畧而言之。則其羅列於吾人外部之實物者。先行觸接於五官。其感觸接於五官者。則爲靈魂及身體之作用。而由此感覺以生影響者。則爲好惡之感也。好惡之感可分爲二。其祇在於短小時間者。則謂之感情。其常在於永遠時間者。則謂之情。此說於倫理學上爲最要。下節乃論之也。

次於感覺而起。且能保存感覺而不失者。則爲記憶是也。此之記憶。逐漸蓄積。卽能自出有新思想。如有山及黃金之二記憶。積在胸中。而因此二記憶。遂出有連接之以爲黃金山之新思想矣。而稱此等作用。則謂之想像。詩畫彫刻名家。皆深於此想像力者也。

第三節　知識的能力

知識的能力者。謂知眞理之能力也。蓋吾人眼球。雖可以見萬物。而所藉不過一光線而已。知識之所觀察。雖可以涉萬物。而所求不外眞理而已。而知識者因於事物之相異。而觀知之法。亦自不同也。若細以別之。雖可分爲種種。而舍其小而取其大。卽可區爲以下之二者。其一則爲知識的作用。一目之下。卽能了解之也。譬之全部比部分爲廣大。有原因必有結果。此則一目而知之者也。其二則爲理性的作用。此等作用。非徒以知識的作用。便爲知之。必須盡其研究。極其測驗。始以之爲知也。如神之存在。人生之眞象。如此類之問題是也。而附屬之。則稱爲自覺。自覺云者。謂自行反省於己身。而知覺之之能力。卽爲自身之感覺而有所考究之是也。若使人而無自覺。則所直接以知者。或自道理以知者雖多。亦不能得

哲學論綱

其裨益以使學術進步也。卽如知識及理性之作用雖大。而不知修何學術。作何行爲。則亦難得學問完滿也。雖然。自覺者固非如理性知識之作用。而能兼有各種作用者。則以知覺者。卽爲感知。理性者。卽爲判明。自覺者。卽爲被其感知。以自知其所判明也。而與此自覺之作用者。則爲內感。內感者。內於心中寫其現象。外於五感寫其感象。以寄之於自覺者也。故畧言之。則凡屬入吾人所感知之凡百事物。皆先入於內感。次乃至於自覺也。而自覺之所得者。理性卽就而推究之。此點則人類與動物不同。卽人類乃因於其所感知。而自覺其變化。且又能以理性極其理由。至動物則不然。其內部之精神的變化。雖屬有之。而推究其理由。則無此能力也。

吾於前節既已論於感覺之記憶。而今於知識亦有記憶在也。而其存在之差異。則感覺之記憶。乃爲有形的。知識的記憶。乃爲無形的是也。又此二者亦不能分離。何也。離於知識的者。則感覺的不能存。離於感覺的者、則知識的不能存故也。

今譬如有一議論於此。其意則因於知識的記憶而爲記憶。其言則因於感覺的記憶而爲記憶。而言與意。常相接而不相離者也。

觀知力及判斷力。　觀知力者。乃因於感識之所動。而辨知感覺所觸於五感之事物也。故此等作用。乃感覺與知識所共同以動者。而非徒恃其一也。判斷力者。可稱之爲知識之作用。亦可稱爲特別之能力。雖然。其由於已定之知識及理性而起者。則不可分離之也。明而言之。即其爲一見而能判斷之者。是爲知識之所動。若經考求乃判斷之者。是爲理性之所動也。

常識　常識者。學者各有家說。立爲定義。然究以之爲人類辨知眞理之通有知識。爲不近謬誤也。蓋所謂常識者。乃尋常之知識。而不得謂之爲特別之知識。人非癲狂。莫不有之。如甲與乙相似。乙與丙相似。然則甲之與丙。定必相似。此爲人人所共知者也。

又知識之作用。其果因於吾人之自由與否。是亦一大疑問者。雖然。於本章祇能詳其簡畧。若其詳。則須俟之他日也。原夫知識之性。其本於實際實地者。爲吾人日常之所知。而至其判斷。則其爲如此。即斷之爲如此。其非爲如此。即斷之爲非爲如此。是吾人決不能屈拗此知識矣。若其知之爲不知。不知爲知之。則非爲知識之作用。亦非爲屈拗其知識。是全爲吾人意志之作用矣。蓋以知識者其作用爲吾人意志之所壓抑。往往有之。非希事也。

第四節　思想之本元

思想者。如何而生。如何而出。是亦大儒研究之也。

夫吾人之思想知識者。不能直接以觀外界之實物。故於心中不可不有其事物之型模也。此之型模。於其一面。即與以思想眞理。於其一面。即與以想像形容也。譬之吾人之觀書籍。若祇觀其外貌。是爲想像之所得者。若探求其中所有之眞理。則爲思想之所得也。總而言之。其爲有形的部分者。乃想像之所占有。其爲無形的部分者。乃思想之所占有也。又思想亦有單純的。共同的。想像亦有複雜的。

獨立的也。

至若以思想爲吾人之所特有。則亦不然。夫思想者。乃製造天下萬物之根源。知覺萬物之原因者。誠以無事物之思想。卽不能製造事物。遇事物而有思想。乃能認識其事物也。故思想之存在。卽爲知識存在之所依據也。然若以爲後天所能。則不免謬誤矣。夫宇宙之初。萬物未創。其思想已存在於原物。其後萬物發生。此等思想。卽散布人間。以爲人類思想之起源。故人類之思想者。是非爲後天之所作爲。不過發明先天之所能而已也。

然思想之有生之出現。其行爲當屬如何。則不外主觀及客觀之二者也。而思想則外部於百般事物。依據五感之作用。內部於百般事情。依據自覺之作用。亦卽爲依於知識之能力也。

於古來賢哲之論思想起因者。各異其說。今詳其一二。以供參考。

希臘柏拉圖曰。夫人類在前古之時。得以接近原物。而直觀其思想。故今人觀察各種物質。其有所得。俱皆追述往懷也。於以可知人類之思想知識。爲非人類所自有。特不過回憶而已也。

亞里士多德曰。夫心性者。有鑑照知識之德也。雖然。若未對於客觀。則知識亦不存在也。譬之白紙。其性有受黑之元質。然若未加以黑點。則其白色仍不能變爲黑色也。人之思想亦然。其原雖有知識之性。然必須因五感所爲。乃能見其知識。而五感旣作。於是由知識作用。遂以發見彼我共通之大理矣。

又古代哲學者夫克期丁曰。夫事物之思想。當其始已存在於原物之腦中。及後人類。乃因而生有思想。且因而現出各種知識焉。而於吾人心中。亦不能直接以感觸之也。至若吾人之思想知識。以何者爲其標準。則眞理是矣。蓋目之所以能覩萬物者。由於有光線。知百般知識、爲五感之反影者。由於眞理也。

要之思想者。當其始乃天地間森羅萬象之反影。映於五感。由五感進而傳至感覺。由感覺進而傳至精神。此爲思想之所以構造也。易而言之。即五感者。非能爲思慮。而祇能爲思慮之媒介。知識即因此媒介而抽象而推拓。乃成一思想也。然則吾人心性。如何而能如此乎。是不難知。夫天地間之萬物。無論其性之高低。其量之大小。莫不由造物主之意志思想以現成之者。即如人類。乃爲被造物高等之最高等。故其思想。亦爲特別者也。此所以古今人哲。以人類爲酷似於神。且以之於相對界爲最高尚也。然則吾人心性之所以能有此等作用者。殊無足怪也。

第五節　語

語者乃所以表發思想觀念。而即爲思想之徵號者也。夫思想既蓄之於中。則必須表發於之外。而表發思想之法。亦不外爲狀態、行爲、言語、之三者。即如人類。則概以言語表發爲多也。

夫以狀態行爲而表發思想者。無論何等邦國。皆無甚逕庭。即如有悲痛則涕淚橫流。有歡喜則歡笑作樂。雖屬何國人類。莫不皆然也。此之謂天然語。即雖蒙昧民族。以及聾盲癲啞。皆能以之自道其意也。次則以聲音互通其思想者。元非生於自然。不過隨各種人類。任意以自定之耳。譬如一名詞。各國不同。是也。

然則言語因何而生乎。夫人類者。乃知識的動物。故皆欲保有其精神。表發其思想者。且互相集處。無以表發則焉能互通情好。此所以積漸生巧。遂以有言語也。而其所以能表發者。則以人身構造。皆能適合以行之也。即如手之可以指揮。足之可以履蹈。其他形容顏色。以及各種機能。皆適於表發其意思者也。原夫人類者。乃超卓而有情的動物。其才足以鑒察萬物。而知其意志。因而以己之聲音。取象於物。以爲言。其爲特別者。則附以特別之聲音。其爲普通者。則附以普通之聲音。既生有言語之後。乃會議以公認之。及久遂成習慣也。

又世間有一種議論。以爲人類者。果能造作名稱與否。是亦無需疑及之也。夫人類者。居動物中之最高等。以其所知。誠可以區別萬物。分辨聲音也。而彼之所以能造名稱者。以吾所云。則其始必先於有形物之名稱。即爲關於物體之運動而有之者。譬如人生幼小之時。未知物名。類皆象其聲音而呼之。如日本小兒之呼大鼓爲咚咚是也。而至於無形物。則與之相異。以其無影響及於耳目。其名稱大概以近之之物體而呼之爲多也。譬如靈之一字。其原語有『風吹』意義。則其必以爲人類之能活動。猶之風之能搖蕩。因遂名其精神謂之靈也。由一語而擴充至數語。由數語而擴充至數十語。逐漸增加。至於今日。若泝而研究語原。洵非鮮也。

是以無論何地之言語。皆沿古昔。其爲人力之所能。固無疑矣。然今若欲特別以新造之。則勢不能行。惟由其語原以徵引而構成新言語。則亦未嘗不可也。

至若古代之言語。則比之近世言語。誠爲優美。譬之希臘拉丁。其質之單純。音之美妙。以比於烏阿拉布達語。誠有天淵之隔者。不特此也。即彼今日所謂野蠻之國。其人心昏愚。知識不開。而聽其言語。則美麗高尙。誠有令人驚嘆者。推原其故。當上古之時。其國極盛。殆至今日。乃行衰落。不然。以彼野蠻人民。又安得有文明言語也。

次而至於文字。則其爲人類所發明者。固無待言。而因其進步之程度。可分爲三段也。其始則本於形狀。其次則因於徵證。而遂附之以音。卽如歐西文明淵源之埃及。始用畫狀。以爲文字。次乃表顯無形之物。而假有形物以爲之徵號。如欲言勇。而以虎豹獅象等狀之是也。其後則漸附字形以其音。（物質之名）又經時漸久。知所以避繁就簡。遂以成文字也。

思想與言語之關係　夫眞理者。原無需於言語。然人類常情。無論何物。必欲加之以形狀名稱徵號等。故如眞理當其研究之時。非附之以名。則無從表明其所欲研究者。爲何理也。夫人智發達。多由於交換知識。而交換知識。則非言語不可。其他如古今之相距。東西之相離。如非假有言語文章。則更無由以交換矣。

語之種類　語有二種。其一爲屬於一物者。其一爲屬於一構造思想者。如謂『魚。』是爲屬於一物者。『謂魚者美也。』是爲屬於一思想者也。而組織言語之文字。則有名詞、動詞、形容詞、別詞、間投詞、接續詞、等之別。而其猶重要者。則爲名詞形容詞動詞也。又此等言語。自古以來。多有變化。新語出而舊語廢。據學者所說。皆謂古來言語之喪失者。已有六千以上云。

第六節　意志與自由

意志者。乃謂屬於事物以進行之能力也。卽爲爲其所欲爲。不達之不止也。而意志之運行有二別。一爲迫於必需要者。一爲自由行爲者。前者則有趨向之定規。其方面卽爲幸福是也。蓋人之幸福。雖各互異。而至其終點。則無不相同也。又其所被迫切。乃非自外部而來。而由自身以起者也。至於後者則不須別置說。卽爲任其意之所之而已。譬之吾人之勉力學術。或有爲哲學者。或有爲法律學者。其他種種。任人自爲之可也。

夫人類之有自由性質。固非一朝夕所能得者。今試就其單簡而證之。則夫人者。有自覺。有論理力。有常識。是也。而自覺者。乃人自知之作用。卽自思想我現居如何之境遇。作如何之行爲。設如何之思想等。且得有感知之力也。論理力者。乃人自爲言論之能力。有此作用。則意志活動亦因以發生也。常識者。乃解悉天地普通眞理之能力也。此三者爲人類獨立的所有。而有此作用。即有人類之自由。其所擇取固無惡而有善。此不待言。然於有形物。其間之互相矛盾。亦不能無之。譬則今有不能兩立之二物。取其一必不可不舍其一。雖然。二者皆有得失。甲之所有者。乙則無之。乙之所有者。甲則無之。其取其舍。難以辨別也。而至於無形物。則現今人類。未被迫切於目前。故不能馳想於高遠之境。祇爲迫於有機的必要而已也。雖然。漸進而近於無限社會。則必有求於無形物者。日以增加。何也。蓋以人類之理性及自覺能有美善之判斷。而避惡趨善。避卑趨高故也。

其他之可以證意至自由者。則爲天下事皆能適合於己是矣。蓋世間無論何代。何國。皆莫不有完全與不完全之差別。要而言之。即爲莫不皆有法律也。是則人類者。存有自由意志。得以任意行爲。而裁制之。即自此而起也。不然。則又何須於此。故設定法律者。即以意志爲自由也。

或者曰。夫人而旣有知識。猶須力行以求進步。是亦不得稱之爲自由矣。雖然。天下萬物。因於觀察而以之爲善爲惡。則對於眞正之完全（即絕對的善）外。決不可加善惡之公斷也。如此則以論善惡不難矣。或者又曰。凡失意者。當其未發生之時。平淡無奇也。及有所作爲。即有作爲之之理由。存在其中。是則其意志不得不謂因於理由而被制限矣。雖然。若更討究其理由如何而來。亦不外爲意志所容耳。故以此等理由。而以爲意志之不自由。是不得其說也。或又曰。夫神者。全知全能也。於吾人將來之狀態。當必豫能知之。旣已豫知。則人之行爲。於前者經已制定。不可趨避也。如此則又何得稱爲自由也。雖然。此說已誤其本末。是不足取。何則。夫神者已知其如此。故人不爲之。人爲之者。故神知之也。或者又曰。世界萬物。乃因於造物主所創造之者。其爲造物主之所支配。固無論矣。故不可得稱爲自由也。雖然。夫造物主者。非一已創造之。如人類者。與之以自由之性。而使其自由作爲決無干涉之者也。

若夫人格。（或謂人質）則以人類爲有知識與自由而爲其作爲之原因。且爲其所有也。是以人類獨與他物不同。必不可不有責任之物也。蓋吾人每有所作爲。則必有知力自覺以感動之扶助之故也。而人格則無論居於何等部分。不獨在於心體。亦不獨在於身體。乃相適而存在者也。何則夫意志及知識者。雖存在於靈魂而爲感覺。則在於身體。以其動用之必須身體也。

第三章　人類之終

終者何。曰本於被造物之性質及造物主之意志而謂其歸著也。故人類之終。亦因於其性質及神（造物主）之意志者。夫人類性質。其知識能力。與萬物大爲殊異。而且有意志之自由。故因之不特以知百般事物。亦以推知無始無終之狀態。進而能得之持之也。蓋已身之性質。若屬不足。而不得之。則不能補其欠缺也。而人類之終。實不外此。即爲求無始無限。而視其完全。因之而去已身之不足也。

畧而言之。則完全之不滅物之謂也。

第一節　靈魂之不滅

不滅物者。謂常能生存。雖經數千萬年。亦不泯滅是也。而所以謂人類靈魂爲不滅者。則以靈魂與有形物殊異。乃單一而非複雜。無消滅之之理也。夫消滅乃因各種物質之所組成而有部分者。而天地之森羅萬象。莫不爲各原質所組織而成。錯雜不一。故得以解析之也。至於靈魂。既無部分。亦非各原質組織而成。則又何從而消滅之也。又有形物者。其作爲祇在於有形社會。其作用物質。絕無影響及於無形物。如意及知。則存在於靈魂以內。其作爲之範圍。亦在於己身以內。是於被造物之力。已使靈魂不歸於消滅矣。又靈魂者。不特不能消滅之。而其作用亦不能停止之也。蓋靈魂作用。乃因於知識意志所共同而發者。而明此二者之共同連絡如何。雖則適於作用。而若有外物存在。則不能不適之也。故靈魂之作用者。一見有所依於外物。恰如無有。是則作用雖不難成。而更進以研究之。則決不然也。何也。假令雖無客觀物之存在。然以靈魂存在於自已而自覺的之目的物者。（內部之客觀）確然而存在。自覺的之目的物已確然存在。則造已之神亦可得存在矣。如此則吾人之靈魂，假令雖失客觀之萬有。亦能自行存在。自行作爲也。

然則造物主者。果能沮止吾人靈魂之存在及活動與否。則亦非不能也。然其意志。又決不出此。何也。夫造物主之始造人類。其所以以靈魂爲單一。而不爲複雜者。是其不欲靈魂消滅之證也。要之人者何以得其靈魂不滅。卽以無限物爲已之目的。卽不然。亦本於已身之性質與神之意志。必不能不至於此也。且也現世界之狀況極爲錯雜。賞罰不得其正。有德者多境遇艱難。備嘗辛苦。無德者多有境遇極順。家有幸福。若遂止於此乎。則天地無復公正矣。故眞賞罰乃在於他世界以行之也。

丁　神學

神者。謂於宇宙之初。爲古有萬物之原因者也。而神之爲道。廣大無邊。今以人類知識。而研究之。當未必能盡窺其蘊奧也。雖然。若其存在及普通之部分。則亦不難知之。故今先述神之存在。次述神之性質。更進而述其作用焉。

第一章　神之存在

神之存在。其證之之法雖多。今可別之爲三。一爲無形上之證。一爲有形上之證。一爲道德上之證是也。

第一節　無形上之證

凡屬天下萬物。於其元始。若無有超卓者存。則必不能出世。易而言之。即因無生有。必須有超卓之自存物。乃能製作也。而此超卓之自存物。即稱之爲神是也。

第二節　有形上之證

有形上之證。雖有種種。而先須以萬物之存在及整頓爲要也。如吾人之有自覺自感。即欲疑己身之空幻。亦不能也。又吾人因於五官而與種種物質相感。因而知其實際也。夫宇宙間此等物質。於其已身。斷無自能生有自能存在之理。然其身既己不可不生存。而又不能自行生存。是則必有他靈物以生存之明矣。不觀乎宇宙間星羅碁布森羅萬物之狀態乎。上而日月星辰之大。下而草木昆蟲之微。莫不各能保其地位。整然而有秩序者。靜言觀之。其處置之微妙。誠有令人不勝嘆服也。而其所以能如此者。則必有一大整頓之意志知識能力。超越於有形之天地。卓立乎人類知識之外。以整頓此純美之天地萬物也。惟然。則是非神之存在不能矣。

第三節　倫理上之證

天下無論如何時代。如何邦國。莫不信爲有神。獨於神之性質。則稍有文野之分而已。雖然。其所以謬誤者。非在於主觀的。乃在於客觀的。非在於自已之性質。而在於外界的性質也。譬之今有一國民。崇拜偶像以爲神。若自其國民之信仰而言之。則無有不信神者。惟於其客觀的偶像。非爲眞神而已。又世人亦非無主唱無神者。雖然。其主唱者而爲有德者乎。則吾必聽之。必研究之。無如率皆淺德無行者。則吾無須聽之矣。又吾人當未有人爲法律以前。於吾人性中。已有一種絕對的法律、即先天的法律者。此之法律。確乎不變。人力不能破壞之消毀之。則其故何哉。無非爲神所作爲耳。即如人之手足。人固不可以破壞之消毀之也。

第二章　神之性質

夫神之性質者。深遠奧妙。以人類知識。而窺測之。猶之以管窺天。以蠡測海。若非研究之深。推測之力。卽其微末。亦不可得。於全體更無論矣。何則。夫有限者。不得容於無限。無限者。不得入於有限。而神者乃無限。人者乃有限。若欲以之而知神之性質。則神爲屬於有限物。而人爲屬於無限物矣。決無此理也。雖然。若於某某程度。亦或能知者。何也。蓋以人類知識。能斷定如何事物之能適於神與否也。又有由結果而推知原因之能力。因可以由萬物而推知造物主之神也。夫物質者。無論如何。其已所無有者。斷不能以之與人。因可以推測萬物之製造而得知神之性質矣。然而吾人之所以能推究天地間萬物者。則以其首先映於吾人眼目者。則爲存在。次則爲其物之一箇發現。世間無論何物。其複雜之間。必有獨立的。且其存在。必有關係於時間及空間也。有此四者之外。復有生命有意志有知識。有能力。此數者。以其皆自神所出。因可以知神之所有矣。

第一節　神之屬性

神之屬性。可別之爲二。一爲絕對的屬性。譬如存在、惟一、單一、永久、久遠、無邊、無限。毫無與他物關係者是也。一爲相對的屬性。譬如全知全能。與他物有所關係者是也。何則其存在惟一等之絕對的屬性者。其於已身之性質。無有關其作用者。卽無有爲其作用之理。亦無有其目的物故也。若全知全能等之相對的屬性。則有一目的物以爲其作用也。至其目的物。或於神之已身或於他物。則俟後章乃論之也。

存在　夫原物者。乃所以製造萬物也。而被造物之各性。而皆自原物而有之。以故原物者。必須含有萬物之性質。乃能行也。且不特此。卽其現在未生有之物質。及日後乃有之者。亦須爲原物之所有也。何則。無論乎時之過去與未來。必不能於原物所保有範圍之外。而能生有一物也。由是以觀。則神之存在爲他物之所不能及。誠可稱之爲超越的存在矣。

惟一　夫神者不可不存在。而存在則不可不無限。而無限則不可不惟一也。何則。若存在而非無限。則其存在。不可謂神之存在。若非惟一。則其存在。亦不可謂無限也。譬之茲有二者。各有所以制限。則不得謂之無限。且以數可以計度之。故可得爲增加之無際限也。而絕對的存在之神。必不可以不惟一也。

單一　神者單一。無可以分析之者也。譬若以神爲備有意志知力能力等。而遂以此諸性質爲神之所成立。則爲不可也。何也。夫神者雖有此等諸性質。然此等之區別者。非爲實際存在。而祇爲吾人人類研究之便宜耳。蓋有限物者。雖有許多和合。亦不免爲有限。今若以此等諸物。爲神之所由成立。是以神爲無可稱爲無限物之理矣。

無變　凡屬有變化者。必有所增加。或有所減少。或變而爲他物。三者必居其一。而神之無限。其量固不可以增加。又原物者非爲部分的成立。其量亦不得減少。至於變而爲他物。則更無論。何也。夫神者於所有事物。皆含於其內。無可與之並立也。即變之亦無其道也。

永遠　永遠者。無始無終。而確立不渝之謂也。譬之世界萬物。雖能確立。而其爲被造物。即爲有始有終。而不得爲永遠矣。至於神。則能製造他物。而非被他物所製造。使他物不存在。而已則存在。且能無始無終。故可謂之永遠也。

無邊　無邊之意義有二。一爲不可以尺度測度之者。謂在於延長以外。是爲於無限物之神性質所最重要也。二爲到處普遍。無所欠缺。而於神性亦爲可重之點也。蓋雖屬如何。其有一點而爲神之所不存在者。卽不得不謂有際限。其爲無限者。則雖屬如何。而神亦不可不存在也。又於此後空間而有所增損。則亦爲神之所存在者。然則神雖於何時何地。亦無不徧存矣。

而世人有一種言論曰。夫神雖屬如何。亦無不存在者。是神之自失其威嚴也。是亦未加深思。而被誤於五官耳。何也。夫吾人人類。乃因於物質的感觸。以爲感情者。至若彼超越宇宙萬物之神。則非爲有有形的感觸。又何能失其威嚴也。

又有一說須置辨論者。則爲佛家輪迴之說是也。夫佛家言。於今世而造有善因者。則來世得有善果。於今世而造有惡因者。則來世得有惡果。而不知世人造惡多而造善少。安能作此處置。況以人類而能爲動物。則更屬荒謬。夫以人魂而附於禽獸。則此等動物。亦可以人類目之矣。而又萬物之類。既已確定而不可動。其爲人者。卽不能出人類之界。其爲動物者。卽不能出動物之界。若以人魂而得附於牛體。牛魂而得附於人體。是以無意志之魂。而附於有意志之體。以有意志之魂。而入於無意志之體。天下固有是理哉。況罰者。乃所以懲戒犯罪者耳。若其犯罪者而全忘前罪。則其罹此罰者。惟知其爲苦。而不知其爲罰也。而無論人與牛焉。其轉生後。誰復有記憶前事者。既屬無之。則又何取於罰也。此所以輪迴說之不足信也。

至於動物靈魂之消滅與否。則以動物者。原非如人類之有意志知力。其行爲亦無責任。因亦無不可不生存之義務。蓋動物作用。俱皆因於感覺。使其五感而消滅。則無復能有作用。且於其責任。亦無完全之自由的意志矣。故吾人雖不能斷其消滅與否。而究以消滅說爲正也。

要之神者乃無限而爲全知全能者也。夫人類者日有進化。日有發達。而神則不然。彼已達其盡境。無復有進化發達矣。蓋無限物者不須進步。其須進步者。卽爲有限物之憑證也。

第二節　神之生命

凡屬有生活之物。自非因於他物而自能動者。則謂之自動。卽如植物則於其身內有生長變化之作用。動物則不特有生長。而且因其五感以爲運動感覺之作用人類則不特有生長有運動感覺。而且有知力及意志之自由。以爲作用也。雖然。若吾人更深以察之。實則非己身自能生動。而乃被動於其他者。誠以植物則被外物而動。動物則被感覺而動。人類則被對於幸福眞理之意志知力而動也。至於神則不然。自有其力。而不須被動於其他。其目的。亦非在於他物。而在於自己也。故神者。於其存在卽爲生命。非若人物之有生命有存在也。

第三節　神之性質

夫神者。爲無制限乎。抑爲有制限乎。是固爲無制限也。又神者。爲可能性乎。是亦不然也。而世又有一種言說。主張神之變化。以爲神者日夜變遷也。其說曰。夫神者。與世間萬物。共行進步。當其始。則獲有生動作用生命感覺。既而遂進步於知力意志。則其後所至之點。尚未可知也。雖然。此不過空虛之說而已。其於進化之論。已誤根據。彼蓋不問如何之分子。不問如何之物質。而遽以爲說也。

第三章　神之動用

論神之動用。其問題頗難。雖然。若其大體。則亦易於研究也。故吾今區爲外部之動用及內部之動用。以明之焉。

第一節 內部之動用

夫內部之動用者。乃能以知力而自知。以意志而自愛者也。蓋夫人類者。雖有知力足以自知。而有時亦未能盡知之。雖有意志足以自愛。而有時亦未能盡愛之。而神則不然。以知力而能自知。以意志而能自愛也。即爲人者。雖有其能力。而不能盡動用之。而神則常能動用之也。夫然則爲神者。能自知其力。能自知其行爲矣。而其所自知。即所以知凡百事物也。然而神之所以能知凡屬可能物者。是亦一難答之問題。蓋以天地間之可能物。其爲數特多。其知之甚難。而神竟以能盡知之者。則爲神者。其非於萬物中。每物以考究之。固無俟言。然若因其原因。而推其結果。則亦不難於知之也。易而言之。則以萬物之本在於已之意志能力。而其結果之現象。則不問其有如何地位。如何情勢。亦可得而知之也。

神之意志。凡屬神之意志者。非爲被引於他而起。乃其能自起者也。蓋當世界未發生之時。無有他之目的物存在。則神之意志。無從被引。及世界發生之後。而世界萬物。全爲神所包含。則神之意志。更無被引矣。

夫意志者。必以其所好者。爲其目的。譬如人類之以所好幸福善德。爲意志之標準是也。然神於未製造世界之時。其本體完全無缺。其所好如何、固不必論之。其所好卽爲其目的。亦不必論之也。然若爲神者。於己身有不完滿。則造世與不造世。惟其自由而已。於是有一疑問者曰。神之造世與不造世。於其意志。亦有廣狹之別否。而不知神之製造世界。乃爲其所自出。固無廣狹之分也。

神爲靈物　且神者乃爲靈物。非有物形而存在能動用者也。夫萬物皆有所不完滿。而神則常覺完滿。又無有部分。是以不特不能稱之爲不可能。亦非如實體之有變遷進化也。故神之性質者。乃靈物。自與實體異其本也。

第二節　外部之動用

外部之動用者。卽製造之處理之之謂也。此之動用。總根於神之全能。全能云者。謂無所不能也。雖然。若其無理者。則神雖有全能。而亦不爲之。如以方爲圓。以善爲惡。與理背馳。則神亦不爲也。

夫製造者。若於人類。則不過能爲變形之一類而已。卽如彫工之彫刻一物。其物之像。是非眞造。不過變形爲之。於其原質。則不在於製造範圍之內也。至於造物主則不然。不獨能爲其變形。又且能眞成製造之也。譬之天地間之實體。莫有能出神以外。而皆受神以爲性者是也。如吾人之靈魂亦然。是非於實體物可生有之者。亦非自他物可分有之者。乃造物主所全然造成者也。何則。夫世界萬物。於己身未存在之時。無有必須其存在。故其存在。必有所以存在之者也。又於實驗而觀之。則天地萬物。皆有接續及變化之二性質。而有接續者。則爲時間的也。爲時間的。則不可不有元始。何也。接續云者。乃聚集其數之謂。譬如謂先祖代代。則爲有其數。而不可不有其元始。則以數者。不可謂之無限故也。至於變化則爲有其數量也。故與接續。可共證其爲有元始也。夫然。則其爲有元始。無復可疑。若謂無限。則不過想像而已也。

至於由無生有。則獨神爲能。何也。夫無之天地。與有之天地。其間遙遙相隔。神力以外。無有能爲之者也。而因神之力。終以創造萬物。此其故。亦不外以適當之原因。而生適當之結果之法理而已。而世有一種論者。主張世界之無始。其說曰。『世界者。永遠無始者也。若使神而爲有始。則吾人乃能謂其有始也。雖然。神則無始。而世界亦不可謂無始作之者焉。』夫既謂有作之者。而又安得謂之非有始也。而況萬物與時間相爲影響。而不能永遠者乎。

無限世界之能否製造。則其自不能存在者。必須爲有限。蓋因於他而製造。因於他而存在者。其本體皆有所受而然。其身己之存在。即爲有所制限。以故謂神之能製造無限世界。是非然也。如前所論。有始與無限。不能相合。乃假神力以作之者。是既不免爲有限矣。又由實驗而觀之。則以無限者。乃無數。而有數則不得爲有限矣。而世界者。乃因於實體與心魂所集合而成。是其爲有數。不俟言矣。既已因數以成。則可爲增加之無限際矣。以故無限者。惟神爲能。如世界之無限。則固有所不能也。夫萬物者。乃有延長者也。有延長則可與數共行增加於無制止的。由是以觀。則世界者。乃複雜的部分的之有限物。而不能望其爲無限也。

由上所論觀之。則造物主者。乃於己身以外。又能製造萬物者也。而於其間卽立有至大之區別。一爲無限之與有限。一爲無邊之與有邊。一爲無始之與有始。一爲造物主之與被造物是也。而唱萬神論者。不特不立區別於神與萬物之間。而且以之共爲一物。易而言之。卽造物主與被造物爲二物。而以神爲一物也。至其立論。則學者各異其說。而要之其意則一也。克查曰。『夫無者所以生有。而神則非由無而成。蓋神者。不外自發現者也』。拉卅烈曰。『神之所以製造有限物。則必其身具有深遠之無限。乃能製造之也。何則。非有無限爲其根本。則不能使有限存在故也』。又曰。『夫自神所出者。非爲神全能動作之故。乃由神之無限而出者也。且使其本質、與神同體。所異者。不過因於延長而被有制限耳、故畢竟萬物即爲神。神即爲萬物也。」一此等議論。其非理謬誤、固不俟言。而其謂天地間之萬。物無大小輕重之別。各自具有特性。其情狀紛紜。不可勝數。而全異於原物之性也。又謂萬物者即神也。其意蓋以爲神之部分。即爲萬物也。而不知神者。有延長。有部分。固爲人所共知者。誠以神而無部分無延長。則其如何而能分與部分於各物也。狹而言之。則神者乃必然的。而無變無始。單一者也。人者乃不必然的。而有變有始。複雜者也。其相反如此。相異如此。則又安能以之爲同體同物也。學者而深行研究之。其謬誤自不難見之也。況其言說。於實際上能貽害於天下。而於倫理。尤被其累也。

萬神教之爲說者。以爲萬物者。皆自神而出。而又各有己身之神也。然近日德國學派之說則反之。彼以爲萬物者。皆爲己所自出。而皆含於主觀以內也。尋此說之原起。始於康德。康氏生於千七百二十四年。死於千八百零四年。爲近世哲學界錚錚有名聞者。今以其說與世之普通說。互相比較。則有以吾人之思想。乃自外物而來。故思想與外部相符合。始得爲眞也。康德之說則不然。彼素主持主觀論者。『以爲吾人之思想乃全在於主觀者。至客觀之存在與否。於學理上不難知之。如所謂神空間時間。要皆不外理性所發現之各種影子耳。而於其外界。是爲擴張其理想於空間的者也。因而主觀客觀。雖有別物。而要皆止於外面的。其實際則決不然也。』此之言說。若詳以辨之。則非長篇累牘。不能盡其詞。而今祇摘其大畧以駁之。亦可以見其謬誤也。夫康氏之以主觀實在爲惟一。是則食與被食者。火與被火者。人與我。彼亦以之爲同一矣。夫食與被食。火與被火。人與我。安能以之爲一。此固人所共見者。此可以知康氏之謬誤也。且如氏之以客觀爲主觀影子。是則主觀不存在。客觀亦不存在矣。故其說無論於學問上能成立與否。然就吾人之常識。則斷不敢承認之也。又康氏極信重義務。是亦可謂奇矣。夫義務之性質。非有二物以上之存在。則決不能生者。蓋與他物而有關係。於是乃有義務。無他物。則無義務也。而康氏主張主觀。而又信重義務。豈非自相矛盾之甚歟。

又於康德之說更進一步。而主張絕對的惟心論者。則爲佛兒笛是也。佛氏之言曰。『天下者。原無客觀。主觀以外。實無一物也。』又余麟加氏亦傾向於惟心的。而其學說。則與佛氏不同。彼認客觀之有存在。及後竟合主觀與客觀。稱爲絕對的一物也。其意譬則己身則爲主觀。外此則無論爲人爲馬爲金石。皆與己身爲同體物也。黑基爾亦有說曰。『先有理性之存在。由是而生思想。由思想而生萬物。故基元的之存在。物惟有理性。而且知物者非知物而乃生物也。』雖然。此等言說。是非得立論之眞者。亦可謂之爲有背於理也。夫吾人之理性者非爲無限。而思想則常有制限也。譬之今有一人。途遇猛虎。當其未見之前。則固不得以猛虎爲無也。又如一物。雖屬難知。而不得謂其物之不存在也。凡此之類。安能謂其不謬。故予等宜於他之學理。以求眞理可也。

主張進化論者則曰。『天地之始。原無一物。後乃由無而生分子也。』然至其分子之由何而生。則主此論中之錚錚者路能曰。『分子之生。經數萬世紀。由其世紀之重積結合。而分子於以得生也。』雖然其說之愚謬。固不俟論。彼蓋不知夫無形無質時間（即世紀）之相積。如何而能生有形有質之分子也。當元無一物之時。如何而能有時間存在也。是豈非不可解說者乎。而主進化論者又更其說曰。『夫分子者。乃經時以組織實體者。先爲鑛物。及後乃進而生有活力之植物。又進而生有情意之動物。又更進而爲人類。是乃有知識的動物也。而其所以進化如此者。則爲活動之所使然也。』此論乃名爲惟物論淺薄之說者。夫吾人雖屬如何。亦不能發見部類之變遷。蓋以於其一部類之變化。雖爲人所目擊。而至其由昆蟲而牛馬。由牛馬而人類。或由植物而動物等。吾人斷不能見之。故其言論。不能採用也。而今之爲進化論學者。亦屬不少。是無他。亦不外欲避造物主與被造物。無限與有限之差別耳。且此等之說。其有害於道德倫理上。無異於萬神論者也。

有善有義有愛。善者謂從於正理。以淑身淑物也。而神卽奉善以行。故雖時有不宜於人類者。是非神之薄人。不過人類以之爲不善耳。義者。爲其所應爲致其所當致之謂、卽正當是也。反之則爲不義。（或不當）而神之於義。則已屬全知全能。其對於一己。必不破壞之而遵行之。其對於人類。則以人類者。原爲神所製造。人雖負有神之恩義。而神之對於人實無有恩義。亦無不不可爲之義務。其所行爲者。不過任己之意志而已。至若神之對於人類行爲。則於倫理篇中乃說之焉。

愛者。憫惠之謂也。夫神之於人。其仁惠偉大。固不俟言。而至其爲愛之最大者。則有三、曰製造人類。曰保護人類。曰使人類得其所終是也。何則。夫人之生存。乃由無而有。使非神之愛。則何由而生。又保護之而使各得其宜。使非神之愛。則又何能以長。而人類之脫除現在境遇。以入於完全之境。使非神之愛、則又何以得所。惟時似有愛有不愛者。則不過人以近視的觀察。因致謬誤。而非所以責神也。

萬有之完全與否者。其於現世界之所謂萬有則以爲完全的。或於某點完全的是也。而就相對的成立而論。則殆可謂之完全。蓋就絕對的而論。則不能也。何則。如植物之所謂完全者。彼之完全亦不過在其範圍之內耳。若比之禽獸等動物社會之完全。則不得爲完全矣。如禽獸之所謂完全亦然。若以比之人類。則不得爲完全矣。論者或曰以完全之神。何故不能造完全之世界。夫完全者。必宜造完全者也。然神之造完全世界。亦非不能。但若不置階級於其中。則有形世界之實際的。亦難存立也。何也。蓋非在於無形世界。則難致於完美。而有限世界。祇可想像在其上之物質也。以故神之不造完全世界。亦無傷於其完全。誠以神之自由。無所制限也。

凡屬萬有必有惡（不及）者。而惡有三種。曰無形的惡。曰有形的惡。曰道德的惡。是也。無形的惡者。譬則如植物之劣於動物。動物之劣於人類。即爲現在世界之各部分優劣者也。有形的惡者。如人類之爲聾爲盲爲跛。對於神而毫無其關係者也。而前者則爲部類之區別。原由於神之意志而出。決不可稱之爲惡也。而後者則爲宜存在而不存在者。其爲惡固無俟言。然亦非因之遂至於不得有善全之道。不得有幸福者。故於絕對以言之。亦不可謂爲惡也。若至於道德之惡。則與之異矣。此等之惡。乃存於被造物。而非存於造物主。其惡由有意物之放肆自由而起。是爲逆至善之神。而其終必不得所也。是則可稱之爲罪。而不得稱爲惡矣。

又無論時之今古。國之東西。於世上必有幾多厭世家者。其所主唱。則以世界本性之組織。爲不完全。以萬物皆爲惡也。是亦大誤其觀察判斷矣。蓋於現世之各種存在物。雖屬何物。莫不有缺點。然不能遂全以之爲惡也。譬之人類之有惡行惡德者。而亦有善行善德者。不宜有所偏倚也。而厭世主義之所以起者。概皆因心痛氣激憤怒蔑視傲慢不平等者多。故眞正之哲學者。決不爲此也。

第四篇　倫理學

倫理學者。習慣之意謂研究人類行爲之學也。夫人類乃理性的動物。而因此學之原理法則以正其行爲者。是倫理爲吾人行爲之方針矣。倫理而於研究上分別之可分爲三部。蓋吾人之有志望而終欲達之者。則以目的爲第一。欲達此目的。則必須有法則則以法則爲第二。因於法則而遂有義務。則以義務爲第三也。

第一章　目的

目的者。有事之目的。有人之目的。譬如一人。惠恤貧民。其事之目的。在以資助窮困者。苟其人之目的。與事互相一致。則其目的。爲無所偏倚。反之則其人施與之目的。非所以資助貧民。而欲以之邀名譽。或以之修冥德。是其目的。與事之目的。全相反背也。又目的有最近、中間、最終之三者。而人生究以何者爲目的乎。則惟有適於其身者。則以之爲目的。不適於其身者。則不以之爲目的而已。其適於其身者非他。善是也。其不適於身者亦非他。惡是也。

第一節　相對的善與絕對的善

夫善可分之爲二。其一則爲相對的善。不必常善。且因人之異同。而生其異同也。如夏時之雨。對於農夫則爲大得其宜。對於旅行者則爲不得其宜也。其一則爲絕對的善。常確實有所執守。不論如何時代如何人物。槪皆得其便宜者也。何則。其爲無形而且無欠缺之點故也。

善有三種。曰需要。曰適合。曰完全。是也。需要者。謂有求於他物而需要之也。適合者。謂適於人之所樂也。完全者。謂其物淸美。而不得不贊賞之也。而需要之得其宜者。亦爲完全。快樂之得其度者。亦爲完全也。譬之食物。食之適度。則可謂之完全。如遊戲雖屬快樂。若失其度。則亦不得謂之完全也。而於需要適合完全之三者中。其爲需要適合者。則爲有形的。未得爲眞正之善。若完全則爲無形而盡善盡美矣。蓋人間之心性。雖有種種。而其最上者。則爲理性。而三者中其二者乃理性外之所發生。其由理性而發生者。獨爲完全而已也。故人類之所以爲人類者。在於以完全爲自守。不特宜行於有形之天地。卽無形之天地。亦宜行之也。然人類之習慣。先於有形。而後於無形。多有先於二者。而後及完全者。實爲人類之缺點。誠可惜也。

第二節　究竟目的

人生目的雖多。而推其究竟。則必有一目的存也。究竟目的者。乃卽無限永遠之幸福是也。求之而不得。則吾人意志無復休止之期。而此目的。其不存於己身之內者。雖不可不求於外界。然皆不存於被造物界也。何也。夫被造物之所供吾人以爲快樂者雖多。是非吾人究竟之大目的也。夫世之所謂快樂者。卽爲吾人存在之故。是可謂之快樂存在。而非吾人存在也。由此觀之。卽肉體之終末。（究竟目的）亦不可得。而況靈魂之終末也。譬之名譽。人之稱揚我者。乃所以表同情於我也。若我而有不滿足。則人之贊賞。亦必不滿足矣。如無形物亦然。故吾人知識雖如何進步。如何發達。亦決不能望其全然無缺也。何也。蓋其範圍不止於萬有。卽進而至於神。其制限之極點。決不能有得一定也。次而意志。其知識而有所不足者。則意志亦不能滿足也。由是以觀。則被造物而欲得有無限無終之地位。蓋難能矣。而彼之謂道德善行者。亦未可得爲最終之目的。其最終之目的者。乃見無限物之神之眞體。得有無限之善福是也。人而不得至此地位。則決不得滿足。何則。夫人心之欲望。乃無限者也。非得無限之幸福。則必不得而安之也。

第二章　人間的行爲

人爲萬物之靈。與動物大異。故其行爲。亦絕不相類也。誠以動物。無有自由之意志。無有知識。至於人類。則其意志自由知識卓越。日凡一舉一動。皆因於意志之所命。知識之所判斷者。然若於酒醉時。或睡臥未寤之時。則亦無意志。亦無知識。是絕無有相關。宜置之例外也。故畢竟人間的行爲者。乃本於自由之知識。自由之意志所現之行爲者也。而至其行爲之善惡。如何以斷定之。則其標準。學者各有所論。而究皆以人間最終之目的論斷之也。即所以判定其行爲果能有當於人類之究竟目的與否。因而定其善惡也。蓋其以利爲目的者。苟不合於利。則爲惡矣。其以樂爲目的者。苟不合於樂則爲惡矣。人類之究竟目的。其有不合之者。則謂之惡矣。而其究竟之目的。其行爲之善惡則皆以得眞正之目的與否而判斷之也。

第一節　倫理的行爲

倫理的行爲。皆關於自覺自由者。若無此二者。則行爲難斷定其善惡也。何也。夫行爲雖善。非以行善之心行之。則亦不足美。行爲雖惡。而非以行惡之心行之。則亦不足討也。

第二節　自覺與自由

自覺者。有良心之意義也。其附屬於良心以存在者。則爲倫理的感覺。蓋爲感良心所善以爲善。惡其所惡以爲惡之作用也。夫良心之運動有二。一爲起於行爲未現於外。而志望早已存於心中者。即爲辨取眞正終末之法門。而力戒惡行是也。是故賢者固雖庸人。而無益有害之行爲則甚少也。二爲起於行爲已現之於外者。即如斷定其或賞或罰之類是也。而吾人良心判斷之正與不正。宜暫措之。其已得判斷者。則必不可不從之。若良心之判斷未成。而竟決定之。是非爲其運動也。次而吾人於已所行爲。亦有因於暴力及恐懼而大有所動者。即暴力能强之以動。恐懼能强之以止是也。

第三節　功罪與賞罰

對於行爲而因其善惡之如何。以受有賞罰也。賞罰者。即對於善。則有善之報復。對於惡。則有惡之報復是也。故此賞罰。其力能裁制人而使之取善舍惡者。人或曰。「此之賞罰乃存在於良心者。」其言非無理。而決不得爲完善之論。何也。夫良心之於賞罰。其爲用雖多。而其力未足以敵惡行之意志而壓抑之也。故賞罰者。不可不以存在於外部爲重。以其事實足以證之故也。且不特此。於良心之感覺。(即倫理的感覺)且不足以概人類一般之作用者。蓋以人類常識。祇能觀察外面而不能洞見內裡。往往有誤以善爲惡。以惡爲善者。是非顚倒。此乃人之常情也。况道高而謗至。德高而毁來。於善行之人。多有抱嫉妬心者。是適以使善者沉於悲境。惡者反得以漏網矣。豈能行之乎。要之被造物的制裁之不滿足。因無所疑矣。然則完善之制裁者。如何而得有之。是不可不謂神之所與矣。

第三章　情

夫吾人之一舉一動。雖爲本於意與知。而其因於情者。亦自不少。故今不可不少有以論之也。

第一節　情之性質

情者。乃感覺的。或因他物而起。或因己身而起者也。而其地位。則存在於靈魂與身體機關之間。若無靈魂。則無思想。無機關則無感覺也。又意志及知識之與情。則大有差異。蓋以情者。乃因於遭遇事情。以生有善惡好惡者。而至於五官之作用。以知識事物。是則非情而乃知感也。

第二節　情之區別

情有好善惡惡之性。昭昭然人所共知也。然亦有二區別。一爲對於易得之善易避之惡之情。稱之爲溫和之情。一爲對於難得之善難避之惡之情。稱之爲激烈之情。雖然。二者亦無甚大差別者。獨於其程度有所異而已。而情之爲性。猶之逆旅。而對於目的物之運動。殆亦與之相同。即如以旅行而三分之。則一爲出行。二爲途中。三爲抵埠。而情之作用。則先行觀物。而興其好之之感。是爲出行。次而望其得達。是爲途中。又次則爲滿足以遂其願望。是爲抵埠也。又對於其所惡。則反之而不敢趨。若不得已而須近之。則亦勉力以避。若至於不能避。則必大爲失望矣。而就中以激烈之情。爲感人最深者。譬之欲得一物。而果得之。因以生非常之快樂。不然則生有非常之失望矣。又若値有一大難事之來。即奮身以赴。雖幾經挫折。亦不爲屈。是之謂勇氣。又或見事無可圖。遂遲疑不進。是爲恐懼。而於己身受有損害。而蹶然起以報復之者。則爲憤怒之情也。此之情。爲最激烈之情。無可與之匹者也。而情之目的。則因於善與惡。其爲善而若易求者。則對之以温和之情。因以生愛、望、樂之三者。其難求者。則因以生希望或失望矣。如惡而不難避之。則因以生逃、悲、惡之三者。其難避之。則因以生勇氣、恐懼、憤怒之三者矣。而至於失望。雖似有關於惡。而實則不然。惟可謂之爲失希望而已也。蓋希望者。以善爲其目的。誠若失之。卽爲失望。而不得謂惡也。反之而如勇氣。則一見雖似以善爲其目的。而其直接之所關係。則決不可謂善也。蓋勇氣者。非爲對於善者。乃逆反對於善之惡而進行者。則其直接。不得爲善也。

要之以善爲目的。而遵之以行者。是爲人類自然之性情。且爲最可稱賞之點也。卽如惡。固人人有惡之之情者。而人人之所以惡之者。則以其皆有好善之情故也。雖然。其對於善之情。若深以考之。則爲愛所自出者。故無愛則必無所謂喜怒哀樂之情。而愛者。實爲各情之大根原也。

第三節　情之結合

夫情者、自何而生有之乎。因何秩序以起乎。當其始必先於吾人所感覺。以生有善惡之分別。而由此遂有愛憎之情也。其愛之者。則必望之。其嫌之者。則必惡之。而望之則必趨。惡之則必避。進退兩難。則必因以生失望。如或不難。則必因以生希望。更進而希望。則得有歡樂。失望則得有悲痛。雖然。歡樂者可得而休止。故可稱之爲極點。悲痛者。身不得其所。故不可稱爲極點也。蓋悲痛者。猶之人身之脾臟。於外面無由見其運動、而於內裡則常行運動不止也。故徵之古來之歷史。其爲天下大事者。大抵無歡樂之人。而多悲痛者也。

情有種種區別。而其普通者則爲喜、悲、望、恐。此四情者。常往來於人心中而不去者也。譬之一面有喜。則必一面伏有悲之根源。一面有望。則必一面伏有恐之根源也。

至於情之根源。則有二異說。特爲論之。其一乃以情爲本於樂者。其論之失正。固無俟言。何也。夫情乃在於樂之前。而樂非在於情之前故也。其一則以情爲本於希望者。雖然夫希望者。於其前或有好之或有不好之情。而後起者。則其不能爲情之根源。又自明瞭也。

第四節　情與道德之關係

夫情而對於道德爲善爲惡。是吾人大須研究者。而情之與理性意志雖則相異。頗覺難定其判斷。而於其關係。則稍有密接。故因於理知之善否。亦可以推知情之善否也。此之能力最宜愼重。而不可流於放恣。不然。則其害所及。不獨止於其身。且被累於其他。以故往昔士托衣克學派。以情爲全然的惡。而不可不有以檢束之也。

吾人心性。若放任之而毫無檢束。是爲激暴之習慣。若反之而留意小心。節制不苟。是爲温和之習慣也。蓋習慣皆由久常而生者。故古人稱之爲第二之天性也。而習慣之節制。則不獨於其身有高下之別。而且附屬之多生有善惡者也。且習慣之所及。甚爲廣大。凡百事物。皆爲所管轄。故雖非有意爲之。而不知不覺。自然亦流露也。

夫然。則其傾向於善之習慣。可稱謂之善德。傾向於惡之習慣。可稱謂之惡德。而如何乃謂之善德。則細以別之。雖有種種。而大別可得四焉。蓋吾人之行爲。其原有四。於內裏則爲理想意志。於外面則爲激情和情。因而善德之所出。不外於此四者也。而至其四者所出之善德。則第一由理想而出者爲賢德。第二由意志而出者爲正義。第三由激情而出者爲剛勇。第四由和情而出者爲節制也。賢德乃以處一事。應一物。而潛心洞察。以正其行爲。完其道義。而得眞正之終末者也。正義乃以判斷事物。遵於賢德以爲行爲。使其不偏不倚者也。而行此不偏不倚之判斷。則百種困難。聚集一身。遂不可不以己爲犧牲矣。古今東西之俊傑。其陷於此境者。不知幾許。而其能行之者。則必須剛勇之德矣。又吾人之性。動則易於離經叛道。爲外物所魑魅。而失其眞性。是則必須有以制限之。而非節制不能矣。上之四德。如網之於綱。爲總善德之大原者也。

至於惡德。則亦有種種。今惟舉其重大者則爲傲慢、嫉妬、暴怒、私慾、懶惰、是也。夫傲慢者。自視太重。視人太輕。尊己而蔑人者也。此爲惡德之先鋒。嫉妬與傲慢相類。且與傲慢同道。其惡在於諱善忌能。傾險軋轢。而以之自高也。古來以此亡國喪身者。不勝枚舉也。至於暴怒。則與前二者有異。蓋其質性乖戾。自視甚高。有觸之者。卽謀報復。遂以激動而形於外也。私慾者。謂於聲色貨利等。不知裁制。而妄欲得之也。世人以此喪敗者甚多。其爲貪慾者。則於其身之位置。及其腕力。原不可以得之。而彼竟欲得之也。如漫無功績。而竟以據高位。膺名譽。攫富貴。以誇於天下者是也。若夫怠惰。則更無論矣。蓋彼本無進取敢爲之氣象。優游不斷。日肆安佚。而惟以遊樂爲事者也。

第四章　法則

天地萬物。無論爲禽獸。爲草木。爲魚介。爲金石。其存在於世界者。皆無不有法則以管轄之也。蓋法則者。譬之羅盤針。乃爲運行之基礎也。而人類亦必須遵其法則。故吾人不可不研究之。以謀遵行之者也。若吾人動作。而能得眞正之終末。則可謂之善。不然。則謂之惡矣。

夫所謂善惡之別者何自而來。則以原於人之性與神之性者也。所以人之性。有趨於終末之質。而從之以爲善也。神之性。乃完全無缺。因其所命。即以爲善也。若反之而不從人性之所適。非因於神性而行者。則不可不以爲惡矣。然人類行爲之法則。可區之爲二。一爲性法。一爲立法。性法者。乃先天的。存於人類之性質者。畢竟無論其爲神之所作與否。而究之確乎不可侵溢者也。至於立法。則神欲作之。固無不可。誠以神有製造森羅萬象之全能。且永久爲其主裁者。則其能立法。固無俟言。而被造物之人類。亦須服從之。遵行之也。雖然。此之立法。則固爲人所立者。乃人民因於社會之實權國家之重責而立之者也。至其論權力以及其他。則詳於社會篇。此不及述。

第一節　性法

性法者何。其爲建議的。爲商議的乎。抑爲變化自由的乎。曰。是不然。何也。夫性法者。乃存在於先天的者。故非變化己身之性及神之性。則不得變化之也。又其爲固有的者。故亦非定於建議商議者也。而或有以心爲重。心爲萬物之標準者。心而思善則爲善。心而思惡則爲惡。即進而推拓其性法。亦以之爲應於實用者。是蓋愚昧之至也。蓋世上之思想互異。觀察相矛盾者。不知幾許。以甲之所見爲善。而乙之所見爲不善者有之。以甲之所見爲惡。而乙之所見爲不惡者亦有之也。誠如論者所言。則善惡之標準。決無成立之理矣。而論者之所以坐此謬誤之故。皆由於不深悉善惡之爲何耳。易而言之。即坐於不知善惡。非在於外界。亦非爲人類之所得而定故也。

以故法則者。非以其命令之故。而以爲善。善故被命令也。非其禁制之故。而以爲惡。惡故被禁制也。譬之愛他人者。善矣。故被命令也。虐人者。惡矣。故被禁制也。

第二節　善惡之區別

善惡之區別。固非人類所得而左右之。卽神亦不得左右之也。何則。蓋以神而欲變移善惡。則必先自變其性質。而又變人類現在之情狀。是決不可行之事。而亦非神之所欲也。蓋以變化神性人性。其中關係之點。所在不可輕忽也。

夫善惡者。皆存於關係實物之性質也。譬之人子。何故而須愛敬其父母。則以爲子者之性質。對於其父母有關係故也。詳以言之。卽爲子者。爲父母所生。且養育敎誨之。使得成立。恩義極大。故有此絕大之關係。則知爲子者當如何也。故云盡孝於親。非以神之所命。卽以之爲善。實以其善乃被命於神也。又如不孝於親。亦非以神所禁而以爲惡者。乃以其惡之故而被禁於神也。以故性法者。非以其被定於神。故善惡之辨乃起。實則善惡之辨。經已存在。然後神乃定之也。

第三節　立法

至於天然的。則善亦難言。惡亦難斷。而其有定之爲善爲惡者。則爲立法而已。雖然。立法亦決不能有違於性法者。惟有明示其性法。使人確然有所據。而特設一嚴謹之基礎以爲法而行之。而以之爲因於神或人而立者。乃能行也。故立法者。必須取性法以爲方針也。譬之吾人之敬神其禮法於何時行之。是即爲關於立法上者也。又如謀社會之和平亦然。既欲正其秩序。則必須設警察。及他百官。欲以守國。則必須有軍人。夫既欲以之任此職。則必須有所酬謝。而其酬之之法。是非在於性法上。而乃在於立法上也。以故立法之所以必需者如此。而立法之與性法相異。則一爲自然的。一爲規定的也。性法則雖於何地何時。亦無所變化。而立法則因時勢之變遷。隨事情之移動。而有所更移也。蓋以天下者。皆爲活動者之所集合。且隨時事之推移。不特於一身有變更。即善惡之區別。亦爲所波動者。其爲善者。或以之爲惡。其爲惡者。或以之爲善。固多有之也。而至於近代有一種之論者。曰宜以立法爲善惡之標準。曰立法者。爲道德之惟一大本也。是實可笑之至。蓋此種謬說之起。在於不知人類最大原性之理性。而以爲若無法制。（立法）則吾人理性。不能善善惡惡。以此之故。遂致生此種種謬誤也。

且夫吾人之眼光。如何於白色。則見其爲白。於黑色則見其爲黑。吾人之理性。如何於善。則見其爲善。於惡則見其爲惡。而一不失其眞也。蓋善惡者。乃在於人類權力之外。而以善爲惡以惡爲善。則決爲其所不能也。徵之歷史亦然。其散布於地球之各國。大洋隔絕。高嶺橫限。因而時代各有差異。風俗各有不同。而獨至於善惡之意見。則彼此如一。夫何以能如此哉。則如人類眼光之窺見形色。莫不相同。而原來理性之於善惡。亦當無不相同也。

第五章　義務

義務者。乃隨於法則而生。卽以義務無論誰何。凡屬人類。皆不可不爲之者也。而畧別之有三。曰對於神之義務。曰對於己之義務。曰對於人之義務。

第一節　對於神之義務

夫吾人之所以能生存於世界者。由於神之故。神之於人。不特惠與以百種物質。令人生息飲食。皆取給之。且有百般仁惠。以感動人於不知不覺之間者。以故不可不順從之而且敬信之也。此即稱之爲信仰。而信仰可分之爲四。一曰禮拜。二曰感謝。三曰贖罪。四曰祈禱。是也。禮拜云者。誠以神之全能無所不至。吾人而敬信之。而以爲處處有神。故禮而拜之也。感謝云者。感激神所授人之恩澤。而敬謝之也。贖罪云者。乃吾人或有時越神之法。則破神之目的。而忽生有悔心。而以贖其罪也。祈禱云者。乃以神之對於吾人。恩德如此。人之一舉一動。莫不爲神所鑒臨。而祈禱之益以多求恩惠也。此之四者。無論於何邦國。於何時代。其宗教之幼稚與否。莫不有之。且莫不因於犧牲。以爲禮品也。犧牲者。乃獻己身之所愛。而以謝神恩者。如牛、羊、鷄、犬等動物是也。至其不殺生之國。則亦有所獻。特以彼則不獻動物、而獻植物等而已。蓋犧牲者。爲古來敬神之最大禮品也。

禮拜可分之爲三。卽內部、外部、及社會、是也。先於己之知識及意志。誠以服神。是爲內部之禮拜。次而現於表面者。以示其恐敬信仰之情狀。是爲外部之禮拜。而箇人有如此之禮拜義務。則由其集合以成之社會。亦有禮拜之責任。是爲社會之禮拜也。
內部禮拜之宜誠敬。外部禮拜之宜愼重。固不俟言。而此二者。固如車之有輪。鳥之有翼。相持而相存者也。蓋人內而有誠敬之意。然後能知愼重。使稍含疑信。因生輕忽。則外必不能愼重矣。
而社會之禮拜。則有二種。一爲國民所共舉以行之者。一爲有最大勢力之人行之者。前者爲衆所共。故謂之共同的。後者爲代表。故謂之代理的也。而主於神與社會之關係。則以吾人者。若無社會。則知識道德。不得發達。而神之與吾人以五感知力等。亦與以社會之構造也。然則社會爲神所自出。而社會必應有禮拜於神之義務也。

第二節　對於己之義務

對於己之義務者。第一即對於神而盡其義務也。蓋吾人對於神之有至大義務。已如上所述。而爲吾人之所應爲者。即盡吾人所應爲之義務。是爲對於己之義務也。次之則盡自己之靈魂。使之得眞正終末之義務。蓋以吾人現在之境遇。實卑鄙不可久。必須脫除之而入於眞美之境也。然則此之義務。如何以盡。亦不外開發知力及意志而已。而開發知力則因於各種學術。開發意志則爲倫理學之所能也。倫理者。乃人類行爲舉動之方針。而爲吾人道德之基礎者。故人而輕倫理學。則必蔑視道德。是爲不知對於己之義務也。且人有理性。能因之以判別萬事。須盡力以行保護。若稍有輕視。卽爲對於己之義務有所欠缺矣。又於己之意志。亦宜導之於正。使其向善而不可失其自由。蓋以意志而失其自由則必爲肉體所動。而失精神之主裁。以至生有多少惡行。在所必然矣。是爲吾人不可不深注意也。

至於身體。亦須保其強健也。凡一舉一動。皆宜矜持。不可使有傷害。夫吾人之身體及靈魂。皆爲神所賜。如自殺自傷等。卽爲有負於神。而失其義務矣。以及戰鬭亦然。其他凡有傷於身體者。俱爲己之義務所未盡也。

第三節　對於人之義務

對於人而盡其義務者。是亦對於神而盡其義務也。譬之人之所有。爲神所賜。因而尊敬之。是卽尊敬於神也。故人與我。皆屬平等。我之所需。人亦需之。我之所求。人亦求之。不可掠奪於人。或傷殘於人也。此卽推己及人之道也。誠如己若好善。則必導人於善。若導人於惡。是爲宇宙間之大罪人矣。而導人於善之法有二。一爲義。二爲愛是也。義者。卽己所不欲。勿施於人。愛者。卽欲立立人。欲達達人也。又自由及特權。亦爲人類所最要者。故造論之。

第四節　自由

自由者。乃人生最可愛之事。人人欲得之也。而其別有四。曰思想之自由。曰良心之自由。曰信仰之自由。曰言行之自由。又其自由而祗爲內部者。則謂之內部之自由。其自由而在於外部者。則謂之外部之自由。而內部之自由。則比之外部自由。無妨礙之患。外部自由。則多被有妨礙也。何也。譬之新聞記者。其於新聞發放停止。以及新聞之事情。此皆在其外部者。或被有妨礙。時亦有之。至其言論之如何。目的之如何。精神之如何。此爲記者內部之自由。無有妨礙也。

思想之自由　思想之自由者。謂思想無有制限。得從己所欲以爲思想也。雖然。於其自由。亦非無限制。蓋謂反於事情。逆於理性。則不得也。夫人之思想非善。雖無人制限之。然究不得謂之眞自由。何也。誠以自由者。於正理及善之外。無有自由也。

良心之自由　良心者。人類所生而有者也。好善惡惡。俱根於此。且以判別善惡之爲如何也。有此智德。然後不陷於不正之道。故良心之自由最宜尊重。不可有以侵之也。

信仰之自由　人民未臻文化之極軌。則不能無宗教。宗教甚多。卽須任人自由。以信仰之。此之謂信仰之自由是也。

言行之自由　言行之自由。固爲人所共主張者。然其所謂自由。固非放肆無忌之謂。此中自有制限在也。後生小子。每易誤認之。是不可不察也。易而言之。即爲人人皆有自由。然不得侵人之自由。以爲己之自由。不得侵多數之自由。以伸少數之自由也。

第五節　特權

特權者。謂人於其自己之下。如動植鑛物等。使用之各有其特權也。誠以人無此權。則不足以保其生存。故宜有使用被使用物之性質也。譬之動物。如犬則所以守夜。牛馬則所以耕種是也。而其特權。則爲人所有之者。然人有之。乃人自有之。而非自外與之。譬如一物。當其未屬人之時。人固無特權。然既爲人發見改良。則此人以勞力而得之者。卽爲此人之所有物。此物之權。卽爲此人之特權矣。故謂特權者。人自有之。而非爲法律所出。君王所與。社會所授也。而世之言特權者。則有共有主義與社會主義二者。今爲論如下。

其主共有主義者。則曰。夫存於宇宙間者。皆爲人類之所共有。雖一物。亦不能爲一人所專有也。若一人私取之。卽謂之爲盜竊。亦無不可。而不知人之於物也。或勞心。或勞力。乃能得之。其所有權。卽因此而生者也。設以所有物歸之天下人所共有。則誰生進取之志乎。且其程度亦甚難定。若以勞苦論。則勞心者比之勞力者。其苦數倍。以此定其程度。吾恐終無定之之日也。故此說謬誤。不須置辯。而共有主義。因難以成立。遂一變而爲社會主義焉。其說曰。凡存在於世界之物。皆宜歸於社會。不得屬於一人。故社會乃有權利。箇人則無權利。必須社會與之。乃爲有權利也。其說於論理上。則比之前說。爲更進一步。然畢竟亦不得爲完全之說。仍難免有害也。何也。夫權力而爲社會所有。則箇人不能分受之。若以平等言。則怠惰者與勤勉者。無有殊別。若以程度言。則更難得其定準。惟其說之所以稍勝於前者。則以其非謂箇人對於同事同物。皆有權利。而謂社會有權利。且社會得分與之。則無紛紜生於其間也。又凡屬萬物。皆歸於社會。而不歸於箇人。譬之子則不歸於父母。而歸於社會。養育敎訓。概爲社會所任。子亦不須孝敬父母。準此行之。世之不亂。人性之不破敗。未之有也。今人動曰。現今之政體者。乃專制之政體也。雖然其言不無有所見而至因此以欲行社會主義則決不可也。何也。夫衆人以其所得而歸之社會。則必須聽立其上者之處置。以分配各人。而在上者安知其不有私。即令無私。而果據何法以分配之。天下之大。人民之衆。固非與分配一二人者所可比也。以予觀之。彼之稱導此主義者。皆因其己怠惰。而欲人之供養之也。顧天下安有是理哉。又安得以之爲完善政體也。然則政治須如何乃能得其全美。亦惟有爲民者。各勉職業。各占利權。而對於社會。則納稅輸租。以託其保護而已。彼所謂共有主義。所謂社會主義。皆不能實行者也。

第六節　報償

夫特權者。乃以其物置於己之權力內。而守護之。不許人之干涉也。若使人而有侵之者。則必求相當之報復。其有保護之。則必須與以相當之酬報。是之謂報償也。然世人多有不行報償者。而以貪金錢爲最。其意以爲使我而行報償。則我固寠人子。不復能得向者之幸福矣。而不知以他人之財爲富貴。是非眞富貴。不過一時之表面而已。是何異於盜竊。何樂而爲此也。且卽爲後嗣計。能保其所有於久遠乎。而世人又曰。彼富貴之家財賦充積。少取之亦復何損。是大誤也。夫無論多寡。凡侵人特權。卽爲不義矣。又有說曰。彼爲盜者竊取人物。而我復取竊其爲盜者。此亦非爲不義。雖然。夫既已爲盜。是卽不義。而況復間接以侵人之特權哉。

第七節　慈善

慈善無他。乃憐愛人救助人之謂。卽恕之義也。蓋人生世間。有境遇極順者。有備嘗艱苦者。兩者區別。而欲調和之。非慈善不可也。誠以貧富既相懸隔。設非以彼所餘。補此不足。則社會大半淪於悲慘之境。卽彼有餘者亦未得爲樂也。夫人生快事。不特以己之所樂爲樂。能與人共樂。乃爲眞樂也。其反對於慈善者。則謂之利己。其主義祗知有己。汲汲以營私利爲務。使此主義而盛也。則亦大可歎矣。

哲學論綱終

光緒二十九年七月十一日印刷
光緒二十九年八月十五日發行
（定價大洋叁角）
著者　法國李奇若
譯者　南海陳鵬
印刷所　廣智書局活版部
上海英界大馬路同樂里
發行所　廣智書局
上海英界大馬路同樂里
發賣所　日本新民叢報支店
上海英界四馬路老巡捕房對門
哲學論綱

欽命二品頂戴江南分巡蘇松太兵備道袁　為
給示諭禁事本年二月十二日接
英總領事霍　來函以香港人馮鏡如在上海開設廣智書局繙譯西書刊印出售請出示禁止翻刻印售並行縣廨一體示禁附具切結聲明局中刊刻各書均係自譯之本等情函致到道除分行縣委隨時查禁外合亟出示諭禁為　此示仰書賈人等一體遵照毋得任意翻印漁利倘有前項情弊定行提究不貸其各凜遵毋違切切特示

光緒二十八年　三月　初二　日示

欽加三品銜賞戴花翎在任候選道特授江蘇上海縣正堂汪　為
出示諭禁事奉
道憲　札接
英總領事霍　來函以香港人馮鏡如在上海開設廣智書局繙譯新書刊印出售請給示禁止翻刻印售並行縣廨一體示禁等由到道札縣示禁等因到縣奉此合行出示諭禁為　此示仰書業人等知悉嗣後不准將廣智書局刊印各種新書翻刻出售如敢故違定干查究其各凜遵切切特示

光緒二十八年　三月　十七　日示

東京文學士著

哲學十大家

文化編譯會社藏版

哲學十大家序

西洋哲學。起自希臘。徵之歷史。蓋在二千五百年前。畢竟始自何年。其詳不可得而攷。然史家之說。多以廷禮氏爲初祖。按廷禮氏當紀元前六百四十年。其實哲學始萌芽。至紀元前一一百年代。瑣格拉底出。於是希臘文化。始稱極盛。自亞里斯多德而後。其學又衰。及羅馬而益微。則僅傳哲學之餘緒而已。洎乎羅馬之季。天下暗昧。古代文學。全墮於地。不復見昔日之開明。其後雖有復興之機。旋以封建制度之壓制人心。耶穌教之縛束人性。皇皇哲學。由是中絕。直至近世之初期。打破封建之制度。大殺耶教之勢力。人民起於醒睡之中。古學復興之機。至是漸熟。且其時外則盛開航海通商之途。內則發明刊印繙譯之術。人羣智慧。賴以進步。近世諸學。由此而興。哲學亦中興於此時。遂稱爲近世哲學。於是轉名希臘哲學爲

哲學十大家　序　二

古代哲學。故今日哲學。有古代近世之別。實則近世哲學。希臘哲學之一轉耳。然不能不分別而究竟之。古代哲學。以瑣格拉底。亞里斯多德爲先河。近世哲學。以笛卡兒倍根爲鼻祖。故人欲攷究哲學。當承認此四子爲哲學之主人翁。雖非西洋哲學。始紀元前五百年。相傳至十九世紀之末。蓋經二千三四百年矣。其間當中古黑暗之世。千餘年間。古代諸學。掃地盡亡。哲學之光。於中天者。得七百年。巨子碩行。更僕難數。四子之外。如瑣格剌底。弗拉的。亞里斯多德。倍根。牛董。孟德斯咎。斯密士。本唐。達爾文。斯賓塞者。皆於哲學界上。各豎一幟。名顯於當世者也。余爲收羅諸家學說。雖不免失之簡畧。然讀之亦可窺見一班。乃署曰哲學十大家。並畧記哲學派源於此。

編譯者識

哲學十大家目錄

哲學十大家　目錄

哲學十大家

瑣格剌底

昔羅馬西塞路常有言曰。吾泰西有瑣格剌底出。能以天界之哲學。降於地上。遂使人世之思想。日出不窮。其功偉哉。此言雖似稍過溢美。實非皮相之見。考其事蹟。更有過於此者。泰西諸邦之諺語曰。十字架者。昇天之梯子也。此不過愚人惑溺宗教之言。然列傳氏卽以此喻瑣格剌底之爲人。蓋瑣格剌底不僅爲昇天之梯。殆造化之功臣也。彼嘗言曰欲覺天下者。必先自覺。觀此足以知其人之至義。其能覺天下也不亦宜乎。夫世人安座於煖爐之邊。輒云欲覺天下。是猶橫臥於棚。以待飯團餅之落。終不可得也。胡敬齋所謂欲爲天下第一等人。當做天下第一等事。吾觀瑣格剌底。其庶乎近之。瑣格剌底既以覺天下必先自覺爲目的。故其教人也

哲學十大家

二

無門戶之分。無標榜之見。無貴賤賢愚之差。無老幼男女之別。任天下之學士。往來其門。且虛懷若谷。我不知者問之。人不知者教之。往者不追。來者不拒。其設教有如此者。是天地之間。在在處處時時刻刻事事物物皆其道理之流行也。以故沐化雨者。不知幾千萬人。有志者亦復不一而足。其中以幽深微奥之思想自鳴者。如門人弗拉的其一也。然瑣格拉底於事物之道理。猶不敢自是。其言曰。我有知乎哉。我所不知者不知凡幾矣。噫。彼以覺天下之才。能猶云無知。是眞能究察物理而愼言者也。其亦可謂泰西之孔子夫。

瑣格剌底者。雅典人。紀元前四百六十八年。生於亞路伯斯邑。其父名瑣佛魯尼斯。世業雕刻。固不得厠於士人之列者也。其母名肥拿勒的。有賢德。善鞠育。故以產婆爲業。婦人分娩。必需之。瑣格剌底幼修父業。兼習格致之學。又精音樂天文算數之術。稍長。悟及天下事理。以爲形而下者之物體。固不敵形而上者之心性也。遂潛心於道德性理之學。久之有心得能闡明先人未發之理。於是四方學者。翕然應之。投贄其門以受教者。不可勝數。由是瑣格剌底之名。大聞於天下。其時巴以昂之宗教盛行於世。時人皆有事於鬼神。雅典之人。無不尊奉之。以爲國教。而瑣格剌底獨發明道德倫理之學。高遠幽深之論。痛詆巴以昂宗教之妄誕。大加排斥。世俗不解。反滋疑亂。一旦四方之羣議起矣。有米利朱斯者。遂訴於官曰。瑣格剌底不奉雅典共和國之神祇。招集黨羽。流布異端邪說。以誑惑民心。其罪至大。殺無赦。官乃捕之下獄。糾問其罪狀。瑣格剌底本其平日所發道德倫理之說。縱橫辨難。旁若無人。判官終不得其罪狀。亦無可如何。瑣格剌底雖在獄中。身體强健。談笑自若。毫無憂戚之色。人勸之曰。子之罪非眞罪。何勿賄獄官以脫此難。而爲逃往他邦計。不亦善乎。瑣格刺底答曰。大丈夫豈屑爲此暗昧之事哉。今我雖處此暗昧之地。決不爲此暗昧之事。且人之生死。繫之於命。我宜生乎。何用逃爲。我宜死乎。逃將焉往。區區求生。吾不敢受子之教。於是瑣格刺底。從容待死。昔程伊川云。慷慨殺身者易。從容就義者難。今瑣格刺底又不僅從容就義而已。直能從容以待死。足徵其平日心性之學之有得也。瑣格刺底下獄月餘。愚人多忌之。獄官與以毒酒欲酖之死。瑣格刺底乃對天三拜而飲之。與弟子從容談笑而死。時紀元前四百年也。卒年六十八歲。臨終之日。皇天爲之慘淡。日月爲之無光。蓋亦深悼其人之歿也。不亦哀哉。列傳氏曰。大凡天下之事。若以正道行之。其始之進步必迂緩。而難望其速成。久之至於豁然貫通。其進步之迅速。雖電氣之飛行。不是過也。若以變道行之。則反是。其始也一時之進步。頗似迅速。而易觀厥成。及其究也。無豁然貫通之期。其進步之速力。日月消耗。固不能登堂而入室也。孔子瑣格剌底。皆以正道教人者。釋迦耶穌。皆以變道教人者。故孔子瑣格剌底之道。其始之進步則汪緩。其後之進步則迅速。絕無流弊之可言。而釋迦耶穌之教。始則令人見其進步之迅速。後則見其進步之遲緩。其得失不相償也。且有大弊巨害。存乎其間。故余以爲天下勸善懲惡之道。當法孔子瑣格剌底之以道德修身之學理教人也。惜乎瑣格剌底方以覺天下。必先自覺爲目的。而卽爲惑溺巴以昂之宗教者所殺。不亦痛哉。然瑣格剌底不惜殺其身。以顯天下之眞理。苟眞理既顯。卽以身命作犧牲。死亦瞑目也。嗚呼。今之世人。其欲從巴以昂之宗教哉。抑欲從道德修身之學理哉。

弗拉的

哲學十大家　六

列傳氏執筆臨弗拉的之傳。既而思之曰。何天下之事竟有前後如出一轍者。昔佛王路易八世生而怯弱。人呼之為拿翁。弗拉的亦由肩闊而得名。既而法王路易八世為賢王之父。明王之子。世所罕有者也。而弗拉的亦為瑣格剌底之弟子。亞里斯多德之師。以眞正有德之聖人。復處兩聖人之間。三代學宗相傳不絕。上下古今之賢人君子。皆目為天下第一流人物。吾觀泰西三氏聖人相承之外。殆無聞焉。不可謂非千載之一奇遇也。

弗拉的者。本名亞里斯多格勒斯。雅典人也。紀元前四百三十年。生於以地奴島。蓋雅典王吾德洛斯之後裔也。弗拉的自幼穎悟。能技藝。長於詞藻。巧於詩歌。年二十聞瑣格剌底之名而往見之。聆其議論。慕其德行。願請受為弟子。歸而悉燒舊作詩文。遂從遊於瑣格剌底。專心道德性理之學。不復爲向之詞章矣。由是理想日出新奇。世稱之曰出藍之才。其師瑣格刺底一日見弗拉的之肩廣闊異於衆人。戲呼之爲弗拉的。蓋平坦寬闊之義。亦偶然戲詞也。由是時人遂呼之爲弗拉的。弗拉的當瑣格刺底得罪下獄時。千方百計以回護之。將白其寃於國人。爲官吏所禁。旣而聞瑣格刺底死於獄中。哭之欲絕。又恐禍及己。喟然歎曰。不能鬱鬱久居此也。遂離雅典赴墨瓦爾居之。有頃。又赴西勒奴居月餘。遂東游於埃及。西至於細細里。凡所經歷之處。考其制度。察其風俗。驗其人情。必詳悉而後已。其經世之心。有如此者。於是又出其道德性理之學。傳授諸國之士人。其有裨益於世者不少。閱數年。倦遊作歸計。遂復還於雅典。招集生徒。築一學校於亞加德美之園中。以爲講學之地。朝斯夕斯。無少閒斷。議論所在。呼吸成風。時人稱爲亞加德美之學派云。亞加德美者。猶後世所謂翰林院之類是也。亞加德美之學派既盛。其間賢人君子。亦繁多焉。如亞里斯多德者。學校中之一人也。亦瑣格刺底之徒弟。又有安智斯底尼斯者。曾與弗拉的同學。後開大儒學派。其徒大阿地尼斯。專以淡泊爲宗旨。以淸淨無爲爲條理。務去盡體魄上之嗜慾。平日不送生命不食一切物。衣服飲食皆取粗惡。不尙美麗。嘗携一囊。一節。步行郊野。無少憚色。蓋惡當時之人。窮極奢侈華麗之事。意欲爲反對之地位。以警醒一世云。然憤世之心愈極。而佯狂之態遂熾。目空一切矣。或時弗拉的招衆友。大開盛宴。大阿地尼斯。臨其宴席。踐踏其敷物。而言曰。吾乃踐踏弗拉的之傲慢心也。弗拉的答曰。嗚呼。大阿地尼斯。汝之傲慢心方盛。何弗自踐踏之。大阿地尼斯。亦無言而退。當希臘盛時。賢人甚多。奇人亦不少。弗拉的於講學之暇。致力著述。其最著名之地亞路地一書。亦藏於此時。著作等身。不可勝數。其書議論博大。識見宏通。爲弗拉的畢生所經歷之事業。又博採其師瑣格剌底辯論難詰。及道德性理諸論。而成此書。紀元前三百四十八年病歿於雅典。壽八十三歲。其歿時手猶執筆云。嗚呼。弗拉的既死。然猶遺不滅之嗣子云。其嗣子爲何。彼嘗言曰。精神之愛。比軀殼之愛。所產出爲更大。其間輕重。不可同日而語。何以言之。如人之軀殼。雖有產出。生時則榮。歿則已焉。若精神之所產出。可以垂美名於千歲。故吾人之學問事功。要在使氣魄絕大。千古如生。固不啻永遠猶遺賢嗣子也。昔亞德美的亞支爾格德立斯之能建大功。立偉業者。亦由精神之愛所產出者也。故豪傑之望事功。亦由常人之望嗣子。一旦竟如其望。其樂可知。然常人之望嗣子者。爲延後祚也。而弗拉的至今猶赫赫昭人耳目。使列傳氏於數千年之後。讀其遺書。想其風采。固宛然如生焉耳。列傳氏曰。弗拉的之思

哲學十大家　十

想入於幽玄深奧覩其常論。在內界心性之理。而其弟子亞里斯多德。則在外界事物之理。其時唯心唯物之理。雖未嘗公然對立。而已顯唯心唯物之源頭。學者不可不察。今試擇弗拉的議論中之最顯者。一引之。其言曰。吾人五官之感觸。特知物之粗迹耳。至於物之本質。非窮究無以知之。何也。凡五官之所感觸者。終不外世界之幻相。今有一地窖焉。積罪人若干數。繫縛其中。共集燎火。相向團坐。而外間之日光不得入也。久之外間之光。由罅隙射入。於是暗澹之中。微露幻影。罪人等見之。徐徐焉。於於焉。稍能分別物之大小異同。而試問之曰。某物係何質所成。某物可作何等材料。而罪人不知也。此吾人在斯世觀物之景狀也。所謂地窖者。世界也。幻影者。庶物也。火光者。太陽也。而常人之認幻影。以爲眞實相。有如此者。此吾人六根所得之學識也云云。亦足見弗拉的思想之一端。至於論政。

其意在湊合事物之理。創一政體。以傳於世。此政治之建築家也。然弗拉的每混視政治與道德。無所區別。並以政治為一種實際之學術。其目的則使人民皆進於德。以同享幸福。於是乎以政治為政府之責任。而人民則屬從於政府者也。此弗拉的之謬見也。又言奴隸之制。其言曰。人須行德。必不可有營作。苟分心於營作。則不能通達義理。於是斥農工商之屬。不入國士之列。鄙為奴隸。使供衣食之事。而士人則安坐以考政治學術。雖然。茲所述者。非獨弗拉的惟然。凡古昔之學士。莫不如是。蓋其所生之時。與其習俗有以使之然也。弗拉的之釋邦國之義也。以邦國為一種無形之全體。而人民則全體之支節。故邦國有統率人民之義務。人民亦有服從邦國之義務。弗拉的又有統一家族財產之說。其弟子亞力斯多德大駁之。以為破小家族。以建立大家族。非惟上古狉獉家族制度最簡之

哲學十大家　十二

時勢有不能。卽使文明進步。人人皆能破除家族思想。亦不能破小家族。而歸於統一也。蓋形質之統一。或爲亂政之媒。精神之統一。斯則共和政體之上乘耳。且財產旣歸統一。人人用意。竊謂必有他人任之。我可無庸致力。由是我不致力。人亦如我。徒增誹怨爭鬥之風。無益於政也。弗拉的又謂邦國得享幸福。衆民之福。非所問也。亞力斯多德曰。邦國者。衆民相合而成者也。舍衆民之福。以求邦國之福。所謂福者。果何在乎。如行專制之政。能爲邦國福。則可使衆民供專制之犧牲乎。可陷衆民於痛苦之地位乎。弗氏此論。誠難索解矣。又弗氏往往視邦國與家屬。混而爲一。亞氏又駁之曰。邦國之本。出於家屬。是固然矣。但二者之性質不同。不可一概而論。家屬者以尊統卑。至不平等。父令子從。夫唱婦隨是也。若夫邦國則不然。邦國之內。人人平等。而官吏之發號施令。亦不過以平等之人。蒞平等之人。非以尊臨卑可比也。官吏之任其職。有年歲之限制。非傳之無窮可比也。故或居君之位。或膺臣之職。或令或從。循環無定。卽謂政府由民之委任可也。官吏卽民之奴隸可也。何得以邦國與家屬混而爲一乎。乃弗氏又以父與師與君。全無區別。皮相之論。毒人更深。立言當知所謹矣。雖然。弗拉的固一人傑也。吾人居今日以論古人。亦春秋責備賢者之意歟。

亞里斯多德

大凡天下之事物。旣已達於極善至美之域。則不待後人贅言。然後人無一言以記之。是使天下人無以知其完全也。今夫亞里斯多德者。其學識之高。思想之深。天下後世。方以爲模範而景仰之。固難以言語而形容其人也。列傳氏聞之荀子曰。學不可以已。青出之於藍而靑於藍。冰水爲之。

哲學十大家　十四

而寒於水。今就瑣格剌底。弗拉的。亞里斯多德。師弟三氏之間。而論優劣。默而觀之。徐而察之。弗拉的之青。由瑣格剌底之藍而出。而弗拉的之青優矣。又亞里斯多德之氷。由弗拉的之水爲之。而亞里斯多德之氷又優矣。夫弗拉的出於瑣格剌底之門。既而捨師之說。別立議論之門戶。開一新天地。亞里斯多德。亦出於弗拉的之門。既而捨師之說。別立意見之門戶。闢一新乾坤。由此一人一轉。思想日新。古之所謂人物者。非德行之聖人。即蓋世之英雄。否則博覽之學者也。當此之時。尙未聞有著眼於科學的之方法者。至於亞里斯多德。始以科學的之眼孔。講百科之學。爲近世日新之思想家。彼斯賓塞。哈爾的曼。皆瞠乎三舍之外。由十九世紀至於二十世紀。若英若法若德。致生今日文運之社會者。皆亞里斯多德改造天地之偉功也。亞里斯多德。希臘之一小國土拉西人也。紀元前三百八十四年。生於斯多地爾府。其父名尼格馬哥。善醫術。仕於馬基頓王亞氏多斯二世。王甚寵任之。亞里斯多德自幼與王子非立相善。年十七。游學雅典。受業於弗拉的之門。博聞强記。爲一門之冠。留學二十餘年。深究道德性理之說。又廣通格物窮理之學。紀元前三百四十八年。弗拉的歿。於是亞里斯多德。去雅典而游於小亞細亞。當此時亞爾德美王。以爾美亞斯者。有賢德。聞亞里斯多德之來也。虛左以聘之。待以賓師之禮。又妻之以女。居有頃。波斯王亞爾達格撒爾。僞設宴以招以爾美亞斯於席間暴殺之。亞里斯多德悼其死於非命。作詩追弔之。其辭悲愴感慨。後人傳而唱和之。紀元三百四十三年。馬基頓王亞氏多斯薨。太子非立繼承大統。擢亞里斯多德爲太子歷山之傅。歷山亦當世第一流之雄傑也。其才足橫行於天下之國土山川。而亞里斯多德。其才足闊步於古今之學術社

哲學十大家　十六

會時人稱爲一對良師弟云。亞里斯多德既爲太子之傳。遂教以政治道德辯論詩賦之學。太子亦甚尊信之。出必同車。寢必同席。紀元前三百三十八年。非立出征維桑斯。留太子監國。命亞里斯多德輔弼之。於是乃明政教。愛撫下民。治績大舉。行之一年。非立薨。太子立山即位。踰年亞里斯多德乃離馬基頓。再赴雅典。集徒講授道學。來學者不知其數。歷山大帝亦贈以黃金千斤。及遠征外國所得之異獸奇木。於是亞里斯多德深窮生物之理。廣蒐書冊。以供格致之材料。發憤著作。不遺餘力。然而德修謗起。自然之理。及其從事於著作既久之後。國人疑其教法之悖。欲捕而罪之。亞里斯多德聞之。逃赴幼不島。後歿於沙爾支。年六十三。時紀元前三百二十三年也。生平所著之書。不遑枚舉。其傳於後世者。有心理論。道德論。論理篇。修辯學。生理論。博物誌。詩學之類。亞里斯多德又長於哲學。世人往往疑哲學之無益者。亞里斯多德爲之解說曰。世多疑哲學爲虛妄懸空者。哲學果虛妄懸空哉。何勿證明其虛妄懸空之故。哲學而果虛妄也。固當考究之。哲學而不虛妄也。尤當考究之。夫不致考究之功。而徒生狐疑之見。吾不取也。觀此足以知亞里斯多德之卓見矣。亞氏之論政府也。其言曰。建立政府。必以國士爲基礎。國士者。國人之中。參預國政者也。國士可以出令。亦可奉令。自令自從。是卽政府之所由立也。亞氏又謂邦國之中。有二種之官職。曰審判之職。曰議事之職。審判之職。選國士之深於法律者任之。議事之職。凡國士皆得與焉。亞氏爲此區別。其見誠卓。惜其於政治之基本。權利之眞義。尚未透闢耳。亞氏初不辨性法爲何物。謂邦國之中。可分民爲二等。其一使用智識者。其二使用體力者。使用智識者。可以參預政權。得自由之權利。使用體力者。列爲奴隸。有服從之義務。

而無自由之權利者也。夫奴隸之制。悖謬已極。亞氏如欲極力保護者。其言曰。國士若躬親農工商之賤役。無復干與政權之時矣。但後世智識日趨進步。器械日趨精巧。一切之事。大省人力。遂得以優游閒暇。磨鍊智力。此制終歸滅絕。亦自然之事耳。亞氏又言曰。有賢愚之別。遂有國士奴隸之分。富於學問而得參政權者。人必曰國士也。昏愚而服勞役者。人必曰奴隸也。嗚呼。此亞氏所見之謬也。夫奴隸之所以昏愚者。非天固欲使之昏愚。惟其一墜汚辱之地。便日趨於下耳。人或言奴隸亦頗有富於學藝者。至其心術均屬不免鄙陋。安於奴隸之境。固無足怪。殊不知其安於此境者。亦不過氣習使然。豈其本性之罪耶。亞氏又言曰。國士之中。或有心術卑汚者。奴隸之中。亦有氣宇慷慨者。似未可一概而論。乃自疑而問曰。奴隸若可循德義。則主人與奴隸之間。果何別乎。復自答曰。奴隸亦人而已。不能循於德義之言。誠非理也。雖然。彼不能堅持此論。往往造種種荒謬之說。牽强傅會。若謂奴隸之制。誠爲盡美盡善者。其言曰。奴隸雖有德義。實非出自天良之德義。終不足爲憑也。嗚呼。强爲之辭。徒貽自相矛盾之譏而已。亞氏既分人類爲自由人與奴隸人兩種族。因謂私蓄財産之權。爲自由人所獨有。奴隸不得有之。由此以觀。所謂應有之權者。正國士之所以爲國士也。或曰亞氏不明人種之理耳。不明人種之理。故不明應有種之理。而妄以此爲應有之權。亦其宜也。所論國士之權與參政之權。既已言之明矣。至於議院之主權。亞氏又有何說。請更論之。夫亞氏未明天受權理之義。以論主權。多有未洽人心者。向使亞氏知天受權理爲何物。必曰主權者人人所有者也。夫公衆相合議事之時。主權在公衆全員之中。若議論未歸於一。亦在衆員多數之中。爲確乎不易之理。惜乎亞氏

哲學十大家　二十

尙未見及此耳。雖然。亞氏論議事之權。其意極贊成民主政治之義。足見其識力之卓絕。其言曰。主權者。在國土全員之中。而衆人之決議。卽主權之所存也。就其人而言。平庸人物。雖是無足輕重。較之一二賢人之所見。更有可尊者。猶之衆人相會。醵錢張宴。比之一主人之張宴。其食膳更美於口耳。人或難亞氏曰。斷事者。賢人之事。非庸衆之人事也。亞氏答曰。否。賢人之得聲譽。皆由衆人宣揚其名所致。例之建築家。建造家屋。旣成。判斷其便不便者。以居其屋者爲切實。廚人之設饈饌。判其味之美不美者。在於衆賓。賢人者。不過建築家與廚人而已。又曰。公衆之議。必歸於平。若繩以一人所見。則不免陷於錯謬。譬之水然。蓄於小器。速歸腐敗。若歸之於壑。則經久無腐敗之虞。無他。多與寡之別也。凡以上所論。唯於實際考之甚當。而未達於理。且決議多數之說。亞氏與弗拉的及古哲學士。皆同其意。以爲多數者。其智識必過於一二人。但此說尚不明主權之眞義。請詳論之。彼其意以爲政權者。必握於賢人君子之手。然賢人君子。不可多得。以是附其主權於公衆。公衆利害得失。皆與公衆圖之。誠是也。但不知主權所以屬之公衆者。以人人皆有自由之權。即人人皆有議事之權。而主權歸於衆。非以一二人議之不足。而後決議於衆人。必以衆人議之。而後決議於衆人中之多數也。故折衷多數時。其所議之當於不當。初非所問也。議院之主權。存於全數議員之中。然全員不能悉同所見。以是取決多數。所以者無他。多數之議。稍近全員而已。故尊重多數者。實尊重全員也。尊重全員者。實尊重主權也。亞氏未達主權之眞義。遂以種種政體皆合於理。殊不知政體之合於理者。惟民主政治爲然。其餘皆不免於偏。要之亞氏之政論。不過就實跡言之。究未能窮究其當然之理耳。雖然。亞氏所論專制政治。及貴族政治之惡弊。其見誠卓。其言曰。以主權歸之一人之掌握。不如歸之法律之掌握。法律者爲國民之所公認。人人恃以不危者也。是故君犯法律。謂之暴君。臣犯法律謂之賊臣。民犯法律謂之亂民。而法律之於君與臣民。固毫無區別也。若其以一人之意見。驅使其喜怒惡欲。而曰吾之言。即法律。人人宜遵守之。則天地間無此橫逆之法律。直以國民之賊視之可耳。使有一事焉。其情狀有出於既定法律之外者。則從何而斷之乎。曰命法吏以斷之。法吏者運用法律。且可創造法律。而法律之代表。國民之所重託者也。又曰。民爲邦本。自由與平等之民。尤爲國家之命脈。但以主權歸於一人之掌中者。則衆庶皆爲奴隸。以主權託於法律。而後人人皆得自由。人人皆得平等。故法律有法律之權。人守法律。即限制其自由平等者也。即謂法律爲國家之命脈亦可也。又曰以主權託之法律。實以主權託之道理。若夫君主之主權。非道理之主權。一人之主權而已。一人之主權。直狗彘之主權而已。嗚呼。主權之不可輕也如是。夫又曰舉主權歸之君主。一世爲限。不及子孫。吾輩之心。猶得稍慰。然往往有數世相襲。習以爲常者。噫。以主權託之一人。猶傳之子孫。其權爲一人所濫用。不平已達極點。而況帝王之子孫。可稱古今賢哲者有幾人乎。繫以主權之重。國欲不危。不可得矣。亞氏此種議論。誠屬無隙可窺。有不可指摘者。既而又曰。雖爲帝王。其德出於衆人之上。託之主權。固無不可。或其種族勝於他之種族。傳之子孫。亦無不可也。當時亞氏身爲歷山大帝之傅。或謂欲以是說媚其君。然亞氏苟眞知人權之理。必不爲此前後矛盾之言。粉飾於一時也。乃有一二世俗稱爲豪傑者。復主張世家之說。自是世襲主權。迥出他族之上。至近猶不免此惡例。亞氏首倡此說。誠不能辭其呰矣。然亞氏之深意。在尊民主政治之寬厚者。以爲獨此民主政體。而不以財產才能自由。三者互相調劑。終不能無弊耳。亞氏又以爲一國之中。有異常之富者。有異常之貧者。兩壘相對。其勢乃至富者愈富。一切之權。皆爲所握。貧者愈貧。而安於奴隸焉。故國人貧富之差。不可太甚。此言可謂切中情弊矣。人謂近世歐洲諸國中等財產家之得與有政權。亞氏大有力焉。誠然乎。亞氏曰。凡人之甚貧者。求立於人之上而不可得。富者遂驕矜自肆。不屑服從法律。其弊終至專恣而止。如是一國之中。唯有主人與奴隸而已。無一人眞得自由者。可悲矣乎。近世歐洲諸國。中產之徒。輒與貧者協力以制富者。貧者或激怒以凌駕富者。中產之徒。旋復左袒富者。以彈壓貧者。即日日以文明自居之國。亦復不平實甚。亞氏早慮及此。可謂識見深遠矣。夫農工商之屬。皆中產之民也。亞氏前斥農工商之屬不入國士之列。鄙爲奴隸。茲復極力尊崇中產之民。蓋以自由平等之權。漸次擴張。貲產亦漸次歸於均齊。世運進步。雖刀兵水火。不能阻之。故其尊崇中產之民。實欲杜後世不平之弊耳。亞氏又謂教育者爲國家不可缺之要點。其言曰。國家之安榮。由於風俗之良。風俗之良。由於教育之善。故政府宜膺教育之權。以化導其民者也。然此可爲全未開化者言之。若稍開化時。則庶人有一分之智識。卽宜有一分之權利。而教育之權。尤不應歸政府所獨握。不然。國民之教育。終無發達之時矣。夫政府有命庶人入學之權。此甚合於理者。但政府有官設學校之權。庶人亦有私設學校之權。而庶人之入何等學校。與從事何等學業。政府萬不得從中干涉。此卽於國民教育一事。大有關係者。以上所論。爲政府之所以得安榮者。在興教育以敦風俗。若夫國家禍亂之原。亞氏果有何說。請更論之。夫國家禍亂之所由起者。亞氏與弗氏所論各異其說。而亞氏則駕弗氏之說而上之。亞氏之言曰。邦國之制。有可平等者。有不可平等者。公正之平等與公正之不平等。此二者即邦國所由立之基礎也。何謂公正之平等。曰國士皆有自由之權。得以參預國政也。何謂公正之不平等。曰國士之中。自有賢愚能不能之別。賢者能者可以在位謀政。而不與愚者不能者同其科也。若其可平者而不平之。不可平者而平之。終不能免於禍亂矣。故凡邦國之禍亂。雖有多端。細而察之。必由公正之平等與不公正之不平等。互相傾軋。又公正之不平等與不公正之不平等。互相傾軋而起。下之賢者。斥上之不賢者。即所謂公正之不平等與不公正之平等相傾軋也。政體乖亂。人民之中。有相聚謀叛者。即所謂公正之平等與不公正之不平等相傾軋也。亞氏爲此區別。誠深微矣。然未徹其藴奧。蓋所謂公正之平等。卽自由權之平等自由權之平等。經理邦國之大義也。故國之禍亂。必其義與不義。自由與不自由之關係而已。若夫所謂不平等者。不過財產貧富智識高下才德優劣之分。至於凡百契約之類。及國土固有之權。初無高下優劣之等級也。故苟他人不鄭重其權。或我之權。不足與他人敵。其時國雖未亂。已潛伏變動之機矣。然亞氏早已窺測此理。惜其不甚詳明。至其論預防禍亂之原。必先鞏固法律之力。未免落第二步。蓋鞏固法律之力。誠不如崇正義之爲要也。亞氏又曰欲防不平之患。當限有司之職權。定服職之年歲。有過者必任其責。又法律之力。重於君主之權。有司經理財政者。必須公示天下。不可或肆。又有司不可越權限。政權所及。不可過於廣博。此皆致國祚於長久之要義也。亞氏之論政。蓋如此。其中雖有可議者。要之古昔豪傑之士。竭精敝神。立此偉論。不可設矣。但亞氏之所缺者。在道學與政術。以爲法律者與道理爲一體者也。不知法律不與道理爲一體。而與各人之意欲爲一體。蓋亞氏於人人應有之權。應負之責。尙未甚明耳。列傳氏曰。法國之史家密希嘗評拿破侖一世之功業曰。其一生之功業太多。不遑枚舉。若在他人。就其中得一事。亦足博英雄之名。自拿破崙其人視之。不過瑣末之支業耳。此評可移而評亞里斯多德。夫博識者。必不精密。精密者。必不博識。世之通患也。而亞里斯多德。博識精密。兼而有之。觀其於哲學心理論理。以及於政治法律道德修身生理博物諸學。凡社會所有之學。甚至於詩歌文章辨舌等之學。無不一一悉心考究。故百科學術之中。無一不留亞里斯多德之痕跡。蓋有今日之學術者。實亞里斯多德之賜也。夫孔子瑣格剌底。道德社會中之大聖人也。然於物理化學之社會中。無一便宜之價値。又牛董瓦德。於物理器械學之上。多所發明者也。然於政治法律學之上。無一文之價値。又不格拉斯頓豪斯丁。政治法律社會中之能者也。然於哲學心理社會中。無三文之價値。又韓圖欲傑爾。所謂哲學心理上之大思想家也。然於詩歌文章之上。無天保錢之價値。獨一亞里斯多德。能於各種學術之上。常占第一位置。殆天亶之聰明歟。人力何至於是也。余嘗評之以爲亞里斯多德者可謂造化之化顯也。然其身固非造化之化顯。其功業謂之造化之化顯。谷有愧乎。

倍根

泰西希臘之古學。自瑣格剌底。弗拉的。以至於亞里斯多德。已達於盛運之極點。爾來古學跋扈天下。自一千五百年間。及於中古學問大衰頹。以寺院爲學問之巢窟。世人皆不言學。僧侶獨專占學問。當此時也。僧侶專

哲學十大家　三十

修古學。故古學之弊益甚。實不忍言。其宗教唯一法王。其學問唯一亞里斯多德。此中古之實況也。即亞里斯多德。亦可爲學問社會之法王。古學如此跋扈。徒知用演繹法推測式。以合於自家之主義。實驗實業則賤之。器械工業則侮之。凡人類之幸福。悉皆擯斥。謂之賤業。唯耽玄談而已。嗚呼。古學之弊至此而極。幾謂此間之社會成爲暗世矣。不料文學社會有勃然興起之氣象。則豪傑之力也。豪傑者何。即英國所謂理學之父。法蘭西斯倍根其人者。自倍根一出。主張實驗哲學歸納法。盡廢古學。始得一洗學問社會之弊風焉。倍根英國人。生於千五百六十一年。幼而靈慧。長而敏捷。有聞一知十之才。其家世爲英國之貴族。其叔父名波爾勒不侯者。爲以利波泊女王之大宰相。倍根當弱冠之時。聲譽已隆。嘗與大學士等接言語。結交誼。是以天禀之才。能愈生光澤。年甫十六。奉國命出使法國。其歸也。入於額勒法律學校。於螢燈雪案之下。苦積學業。年二十八。舉爲評議員。年三十一。撰爲國會議員。年四十三。際惹迷斯王即位之時。受封奈的之爵。爲王之參議官。極其貴顯。及後以受賄賂。被平民訴於國會。得罪下獄。此爲倍根畢生之一大缺事。倍根亦深悔之。被課罰金二十萬弗。乃得出獄。後只傾向正直善良之事。其悔改之心。溢見於外。終身不就官。其生平所著之書。有中文學之進步。及喏路波母阿路加喏母諸篇。最爲世所賞識。倍根之卒也。本澗孫追悼歎曰。以倍根之才。而竟早死。惜哉。亦足見倍根之才能非常云。近世之哲學。多萌芽於倍根。故世人皆以倍根爲哲學之父。以哲學爲倍根之子。其名譽可謂極矣。但倍根於品行之上。稍有疵累。其才能則具非凡之質。誠近世開紀之一大偉人也。倍根以爲人欲求學。只能就造化自然之迹。而按驗之。不能憑空自有所創造。若特其智慧以臆度事理。則智慧卽爲迷謬之根原。譬如戴青眼鏡者。所見物一切皆青。戴黃眼鏡者。所見物一切皆黃。一切物果青乎哉。果黃乎哉。常人妄思。以爲五官所感觸之外物。一與其物之原形相脗合。不知其相脗合者。吾之精神耳。非物之本質也。此種妄想。爲人性所本有。百般誤謬。由此生焉。倍根曰。吾人之精神。如凸凹鏡。外物之來照者。或於凸處。或於凹處。於是乎雖同一物。而其所照不同。我之觀察。自不得不有所謬。此爲致誤之第一原因。又五官所接者。非物之本色。而物之假相也。此爲致誤之第二原因。又吾人之體質。各各不同。於是乎同一事物。而人之所見各各相異。此爲致誤之第三原因。又人與人相處之間。謬見亦常因緣而起。如農夫自有農夫之謬見。工商自有工商之謬見。學士大夫自有學士大夫之謬見。又前人之學識。亦往往爲謬見之胎。蓋凡倡一先生之言者。常如傀儡登場。許多點綴。觀者不察。遂爲所迷。此爲致誤之第四原因。倍根以爲治此迷因。惟一良法。然非如阿里士多德論理學之三句法也。按英語日本譯之爲論理學。中國舊譯辨學。侯官嚴氏以其近於戰國堅白異同之言。譯爲名學。然此學實與戰國詭辨家言不同。故從日本譯。蓋三句法者。不過語言文字之法耳。既尋得眞理。而敘述之。則大適於用。若欲由此以考察眞理之所存。未見其當也。然倍根之所謂良法者如何。曰就實事以積經驗而已。所謂實驗之法如何。曰就凡事物諸現象中。分別其常現之象。及偶見之象。而求其所以然之故。是爲第一著手。是故人欲求得一眞理。當先即一物而頻頻觀察。反覆試驗。作一所謂有無級度之表以記之。如初則有是事。次則無是事。初則達於甲之級度。次則達於乙之級度。凡是者。一一考驗記載無所遺。積之既久。而一定理出焉矣。學者若將

哲學十大家　三十四

研究甲事而下實驗之功。乃此事未發。而見他現象相繼而起。則當諦思此現象。以何因緣而生乎。或研究乙事。既已得之。而初時所預料之現象。後乃不起。則當諦思彼現象。以何因緣而滅乎。又或所測之現象。正當發起之頃。而他之諸現象。隨之而生。有時而增。有時而減。則當諦思此衆現象。以何因緣而增。以何因緣而滅乎。如是屢驗不已。參伍之。錯綜之。舍此取彼。因甲知乙。則必見有一現象。與他現象常相伴。而不可離者。夫兩個以上之現象。常相依而不可離。是即所謂定理者也。故苟無甲之現象。則乙之現象。亦無自而生。如空氣動盪。爲聲之原因。苟無動力。則聲音終不可得傳。空中養氣。爲火之原因。苟無養氣。則火光終不可得。熱若是者謂之物之定理。人苟能知物之定理。豈復有爲五官所蔽。而陷於迷見者乎。凡一現象之定理。既一旦求而得之。因推之以徧按其同類之現象。必無差謬。其有差謬者。非定理也。何也。事物之理。經萬古而無變者也。此等觀察實驗之功。非特可以研究外物之現象。即講求吾人心靈之現象。亦不外是矣。綜論倍根窮理之方法。不外兩途。一曰物觀。以格物爲一切智慧之根原。凡對於天然界至尋常至粗淺之事物。無一可以忽略。二曰心觀。當有自主的精神。不可如水母目蝦。倚賴前代經典傳說之語。先入爲主以自蔽。然後能虛心平氣。以觀察事物。此倍根實驗派學說之大概也。自此說出。一洗從前空想臆測之舊習。而格致實學乃以興。如奈端因苹實墜地。而悟吸力之理。瓦特因沸水蒸騰。而悟汽機之理。如此類者。更僕難盡。一皆由用倍根之法。靜觀深思。遂能制器前民。驅役萬物。使盡其用。以成今日文明輝爛之世界。倍氏之功。不亦偉乎。朱子之釋大學也。謂必使學者即凡天下之物。莫不因其已知之理。而益窮之。以求致乎其極。至於用力之久。而一旦豁然貫通焉。則衆物之表裏精粗。無不到。而吾心之全體大用。無不明矣。其論精透圓滿。不讓倍根。但朱子雖能略言其理。而倍根乃能詳言其法。倍根自言之而自實行之。朱之則雖言之。而其所下工夫仍是心性空談。倚於虛而不徵諸實。此所以格致新學。不興於中國。而興於歐西也。倍根最不喜推測之學者也。其言曰。吾之所謂格物學者。在求得衆現象之定理而已。若夫其現象之大本。則屬於庶物原理之學。非吾之所知也。庶物原理之學。所以講求造化主。及靈魂之有無。與夫造化主與人類靈魂與軀殼之關係。此其事太高妙。不可信據於人事之實際。無裨益焉。置之可也。倍根其重別理而輕原理。此其所以有遜色於康德斯賓塞諸賢也。雖然。羅馬非一日之羅馬。作始者勞最鉅。而事最難。不有倍根。安必後此之能有康德斯賓塞哉。笛卡兒嘗語人曰。一實驗之法。倍根發之無餘蘊矣。雖然有一難焉。當其將下實驗之前。苟非略窺破一線之定理。懸以爲鵠。而漫然從事於實驗。吾恐其勞而無功也。此言誠當。蓋人欲求得一現象之原因。不可不先懸一推測之說於胸中。常自審曰。此原因果如我之所推測。則必當有某種現象起焉。若其象果屢起而不誤。則我之所推測者是也。若其不相應。則更別爲推測以求之。朱子所謂因其已知之理。而益窮之也。故實驗與推測。常相隨。當倍根從事於試驗之頃。固不能離懸測。但其不以此教人。則論理之缺點也。故原本數學以定物理之說。不能不有待於笛卡兒矣。列傳氏曰。倍根之思想。於哲學上固未嘗具非凡之意見者也。唯其於歸納法發明之上。與有力焉。其歸納法發明之上。亦非倍根獨有之才識以發明之。蓋當時氣運使然。藉倍根之力以倡之耳。豈倍根一人之力所能爲哉。余茲執歸納法論理稍發明之。

以喚起衆人之注意云。夫演繹法者。皆近世諸哲家所云也。然不足爲眞正之論理。惟歸納法。足爲眞正之論理。苟欲持確乎不拔之議論。不可不執歸納法。因歸納法於事物之中。同中有異。異中有同。看破普關原理。足供吾人論理之根本。苟執歸納法者。又不可不富於觀察力。假令觀察力不富。動輒陷於謬誤之見。此最注意者也。今試舉其一例以論之。其說據於西人。亦記載在歷史上者。古之時歷史輒記載紅雪降於某地。未聞記載白雪降之事也。夫天下之廣。古今之長。紅雪降之事。雖亦不少。而歷史記云何年何月。紅雪降於此地。又記云。何年何月紅雪降於彼地。既降於此。又降於彼。世人不察。以爲古之時代。皆紅雪之世界。而非白雪之世界也。不然。何以不聞白雪降之事乎。不知白雪降。常也。無庸記載者也。紅雪降。變也。記之以誌異也。昔斯賓塞每得一奇怪之事蹟。執一概百。致失歸納法之原理。以陷於謬誤之見。嗚呼。斯賓塞且然。況餘子乎。故余以爲欲執歸納法之論理者。不可不注意者也。

牛董

今吾人散步樹邊。見一枝一葉一果一實。墜於地上。使腦中忽有所感觸者。何哉。思想之引力也。夫亦合引力之中心點。在於太陽世界近邊引力之中心點。在於地球。而人思想上之中心點。則永集於味斯閔斯德寺院牛董之墓石上。噫。牛董之名譽。眞日月其光者也。牛董。英國人。一千六百四十二年十二月。生於維的哈搿河之近傍烏爾西異伯地方。其父林岡羅以亟有一農之田產。娶妻數月後。不幸遠遊。是牛董未生以前。已爲無父之孤兒矣。牛董之既生也。身體微弱。少多疾病。零丁孤苦。至於成立。稍長。遂入於斯希林頓小學校。當此時。牛董與他童尙無少異。固尋常一般之小兒也。其質若近魯鈍然。唯常用種種之道具。以製器械。故玩視之器物。多成於纖細之指頭。以視其狀。頗以此事爲樂者。然他日爲理學之泰斗。而發明諸種之道理者。全胚胎於此嗜好玩弄之中。嘗與同窗之學友嬉戲。偶受凌辱。憤激發奮。遂起勤學之志。非復前日之牛董矣。蓋前日之牛董。落人後之牛董也。今日之牛董。則步人先之牛董也。轉瞬之間。實有萬里之隔。年十二。遂移於額拉的哈搦之學校。牛董聞學校之近旁建設有風車者。每日往察其工事。暗記其器械之搆造。歸乃自造其雛形。裝置屋上。使受風力而轉旋焉。其學友無不欲笑之。然其所製之物。與眞成風車之軌。無不符合。毫無一點之缺失也。先泰西諸邦。未聞有紙鳶者。牛董始創製之。爲游場之一端。以垂惠於後世之兒童。觀其便捷飛揚。大小形狀。無不研究之。又暗夜以燭火附於紙鳶之上。任其飛昇。觀者疑爲流星彗星之類。近旁之人民。頗生驚駭。而浮言四起焉。牛董於此時。深注意於天體之運行。及陰影之遷移。極微研幾。自製畫一日晷。歷年愈改愈善。時人久稱爲良時儀。名之曰愛撒格之日晷云。此幼時之記念也。年十五。其親戚爲之謀治產業。使學祖先耕耘之道。牛董不得已。乃從其意歸於鄉里。然於農業上之事。生平未嘗問津。故土地之耕耘。榮穀之生長。牛羊之肥瘠。毫不介意。暇則傾心於物理器械之觀察。牛董既爲農夫。鬱鬱不得志。而鄉黨人不知也。其叔父之近村。有一牧師。一日見牛董坐於籬下。講習一書。於是離於衆人之旁。聽之良久。而牛董眼頻注書。不遑他及。牧師乃叩牛董之肩而覺之。彼方注意於數學上之一難奧問題。渾忘他事。牧師大爲驚喜。知其終非耒耜間人也。乃白於牛董之母。使之向學。於是遂復歸於額拉的哈捫之學校。後又棄此赴建不利智入於三寶校。牛董既在此校學業益進。實其後來發明之基本也。一千六百六十四年。牛董乃購一三稜玻璃。欲尋究光線之性質。日對此器觀察精密。熟考深幽。遂知其與尋常之光線彩色有異。其屈折之度。由無數之光線集成。一千六百六十六年。試造圓形之外。各種之硝子鏡。補其缺點。究不可施於實用。後研究彩色之現象。立悟其根本。是卽其大發明之端緒也。於是牛董因硝子鏡光線之性質。造出數多之望遠鏡。以其最完全絕大者。寄贈學士會院。無何。建不利智之惡疫流行。牛董乃避其災。不二年間。退居鄉里。發明宇宙大法之基本。一日牛董閒坐菜園。偶見林檎之樹稍。飄然落地。時牛董之意念中。深尋思天體之運行。及平均等之理由。忽豁然而大悟。以爲大地者有牽引萬物之力者也。由是更擴推此理。及懸於宇宙間之諸物體。漸次發見引力之大法則。然當時尚未有所證據。邇來十六年間之理。

秘藏於心。未嘗告人。後年地球直經之改冥乃成。據此法則所推步。善契合實際之觀測。始公於世。其大著述伯林西比亞者。專論此法則者也。抑有一般普通之人。於尋常之事處置得宜。每每爲人道之。而牛董心若有不安者。十有六年。絕口不言外事。其心之深奧。非尋常一般之人所能推測者。及聞其大發明於天下。無不驚歎者。其友某問之曰。子由何等之工夫。而得如此之發明。牛董答曰。我亦無神異之進步。唯每爲一事。常常存此念頭。造次必如是。顚沛必如是。豈有他哉。夫天下之所謂英才者。並非別具非常之質點也。能勉强耐忍。則不失爲英才矣。云云。牛董在鄉里居二年。復再返建不利智。受馬士他虫阿呼亞坤之學位。一千六百六十八年。專心研究。後又任數學之教授職。一千六百九十四年。其校友哈里巴格斯伯爲大藏大臣。舉牛董爲造幣局次官。由是移於倫敦。專執掌其職務。後三年。進爲造幣局長官。聲譽由此隆矣。一千六百九十六年。開設學士會於佛京巴里。亦推薦牛董爲議員。又一千七百一年。應建不利智大學之撰。爲國會議員。一千七百五年。安女王之幸同大學。以士爵賜之。先是一千六百八十七年。其伯林西比亞書刊行第一版。至一千七百二十六年。更刊行第三版。至是刊行。大有增補。愈見其完全矣。牛董爲人。性樸素愛靜。不與人交。偶與二三親友會。以吐露宏遠之識爲樂。晚年嘗謂人曰。夫眞理界者。猶地球上之大海洋也。蒼溟汪洋。渺無涯際。竭我畢生之力以探之。僅如一稚子游於海濱。拾得數小礫歸耳。噫。如牛董之才。發明天地之大法則。尙自謙讓不已。何哉。不知牛董非謙也。天下之眞理本無限。雖牛董之大發明。實九牛之一毛。何關輕重哉。一千七百二十七年三月二十日病歿。時年八十五也。葬於味斯閔斯德寺院。文其石碑。敘人類之榮譽。又建不利智三寶校建設碑表。頌其高才冠於宇內。贊辭雖溢過美。究之其人實爲完全之君子。哲學家無出其右者。至於偉業豐功。雋才高智謙讓廉退。不議人是非。尤爲景慕不置云。列傳氏曰。牛董見林檎之墜地。遂發明所謂引力者。世人或目之爲偶然有所發明。適成其如此發明之狀態。此說雖近似。然人少思慮。何能有所感觸。古來林檎之墜地。不啻億兆。又見其墜地而聽其墜地之人。何啻億兆。古今之長。天地之大。獨牛董一人能悟之者。何哉。聞之薛子有言曰。衆人非不視也。聖人之視。則異乎衆人之視。蓋衆人之視。徒得其形。而聖人之視。則獨得其所以爲形。故牛董一見林檎之墜地。遂使胸中豁然覺悟。蓋得其所以墜之之理也。世人不察。信口議之。牛董有知。當亦啞然笑矣。

哲學十大家　四十五

孟得斯咎

孟得斯咎一千六百七十九年一月十八日生於佛國彼耳多府之近郊德佛勒得城。幼既非凡。有神童之名。其父亦盡力教育。年二十能涉民法之全書。撮其精要。以供異日著萬法精理之材料。孟得斯咎之從事於法律學也。其志專在講究精理。不拘泥於區區之末事。一千七百十四年任彼耳多府集議院之參議。一千七百十六年。撰舉議長。此年有府學創立之舉。乃兼任其學職。一千七百二十二年政府新課酒稅。人民頗苦之。其時孟得斯咎乃議院之委員。不能辭其責。於是赴巴黎力陳酒稅之非。而阻撓之。遂廢其稅。一千七百二十五年。開院爲之演說。其議論雄偉深遠。不愧爲一代之詞宗。明年辭議長之職。蓋孟得斯咎之在此職也。不足盡其學識智力。不如專在法官之職。稍得自由。盡力著述。有功於國家人民不淺。故决然解其職。昔吾支那有哲人稱著作者。其言曰。著作者思慮問也。未必材智出異人也。居不幽。思不至。使著者之人。總衆事之凡。典國境之職。急急忙忙。無暇著作。試使庸人積閑暇之思。亦能成篇八十數。文王日晨不暇食。周公一沐三握髮。何暇優游爲麗美之文於筆札。孔子作春秋。不用於周也。司馬長卿。不預公卿之事。故能作子虛之賦。楊子雲存中郎之官。故能成太玄經。就法言。使孔子得王。春秋不作。長卿子雲爲相。賦玄不工。此論稍失於酷。實有至理。其勢使之然也。苟有思想者。戀區區之公職。無閑暇之思。成著作之業。其於社會之鴻益。固渺不相關也。孟得斯咎能慮及此。決然辭其職而退。殆所謂不瓦礫其歲月。而金玉其光陰也。一千六百二十八年。孟得斯咎補大學士之員缺。先是孟得斯咎作波斯寓言。其意蓋托波斯。以規諷當時之政教人心者也。然書中語鋒甚銳。觸政府之忌諱。物議囂然。後其事漸冰釋。遂入大學。孟得斯咎之始入大學也。逞天賦之才能。日夜從事於學理之講究。不顧他事。然彼之大志。猶以爲未足也。又更欲擴開其學識。遂有遠游之志。於是離法國與知己華德爾格勒斯伯之使節。偕赴墺都維地納。次經匈牙利伊太利瑞西下萊尼河慢游沿岸諸邦國。驗其風土氣候。考當時之制度文物。及古今治亂興廢之事蹟。最後航海渡於英國。英國之人。上自國王。下及庶民。無不深相欵納。又普交當時之政治家及哲學家。始得測度其國之政體與其機關之諸部。於是集成無數之利益矣。遂歸本國。退居佛勒得城。杜門謝客。著書立說。朝夕相對者。唯此椅上之書。窗前之草而已。閱二年。是爲一千七百三十三年。著成羅馬盛衰原因論一書。是書非尋常之歷史可比。誠活眼之史論也。次欲著英國政體論一書。繼又思之。不若參入萬法精理之中之爲愈也。至於一千七百四十八年。萬法精理著成。以質於當時著述之名大家。莫不津津稱道。至是而孟得斯咎之名。轟然於天下矣。孟得斯咎。滿腔之精神。實注於萬法精理之中。蓋此書之起腹稿。已在於數十年之前。及著手由草創以至於出版。又二十年矣。可謂終身之經營云。噫。欲觀孟得斯咎之爲人。於是書求之可矣。而世人每歎賞之不置者。有所本也。同國之教官亞佛勒佛以讀孟得斯咎之書。慨然有論於孟得之爲人。其論孟得斯咎畢生把持之至義曰。孟得斯咎之於法律。特知其現然之迹。而未知其當然之理也。何以言之。夫原因與効果相聯爲一定不易之理。而孟得斯咎。亦嘗言之矣。至於人心之自由。凡思念行爲之際。漸次進闡化成。亦爲一定不易之理。而孟得斯咎未嘗言之。要之孟得斯咎之學。承受於智慧之自然。所本之理義。皆無定見。其於法律。特就目下之原因講究之。故可稱之爲關於法律之沿革史。不可稱之爲關於法律之理學。其於政體亦論政體之沿革。雖爲人所歎賞。究之於政體上之理學未嘗合也。噫。孟得斯咎實未能透徹眞正民主之制者也云云。此評當乎否乎。列傳氏以爲甚合於孟得斯告之病。乞更改事項以述列傳氏之所論。列傳氏曰。孟得斯咎。其執民主主義者乎。抑執專主義者乎。其謂之爲保守家乎。亦謂之爲進取家乎。殆不可思議之人也。其故何哉。因彼猶未能達於其眞正政法之理。且彼之意見。偏於探賾。其本然之理如何不問也。固無論其爲君主政體。爲民主政體。而皆有保守之性質。觀孟得斯告所論民主政體。而皆有保守之性質。觀孟得斯告所論民主政體云云。則有受君主之憂。論君主政體云云。則有受民主之患。信如是言。是民主政體。永不得爲君主政體。君主政體。亦永不得爲民主政體矣。夫惡人而使之向善。情也。今不使之向善。而使之終爲惡人。豈通論哉。佛以之評。良有以也。是皆孟得斯咎之宗旨未定。一時所言如此。一時所言又如彼。當其尚民權主義之時。則好爲活潑之議論。雖世之持過激之意見者。無以加之。故一千七百八十九年之革命。實胎胚於此等之議論中。當其尚君權主義之時。則好爲守舊之議論。雖世之所謂勤王家者。亦無以尚之。前後議論。如出兩人。此孟得斯咎之所以爲孟得斯咎。亦萬法精理之所以爲萬法精理也。其書中論政治之要訣。在於立法行政司法之三權。分割獨立。以張鼎足之勢。其意以爲如立法行政司法之三權合一。則是專制政體矣。故反其意。使三權分立。以爲自由之根本。此孟得斯咎能看破政治機關之卓見。其名譽足以傳於不朽。然以余觀之。不能無少異見。因猶未臻盡善盡美之地也。何則。孟得斯咎既主張立法行政司法三權之鼎立。而三權不能無輕重之差。今乃不辨輕重。而分立之。余甚惑焉。昔管仲有云。

如民別而聽之則愚。合而聽之則聖。若以一個人民與政府相較。人民之權固輕。若更以闔國之人民與政府相較。則人民之權甚重。使不量其輕重而分屬之。則仍無益於國是。且政府與國民之權力互相比較。久爲世之識者所論道。非故爲珍奇之說。而彼所謂立法行政司法之權。究何權屬於何者之手乎。就所謂立憲法政體上見之。立法之一權。則屬於人民之手。行政司法之二權。則屬於政府之手。若夫立法行政司法之三權同等。可謂政府之權。倍重於人民之權。嗚呼權力偏重。此壓制之原因。腐敗之根底也。故不可不平均其權力。然平均之法如何。曰在使立法權有足以比敵於行政司法二權之人之大權。於是乎始可謂政府之權。與衆民之權皆平均矣。況立法權固爲政治機關上之最上權。而行政司法之二權。不能不聽其指揮者也。其行政司法。均孤別之爲一權。唯合一之卽爲專制。則立法行政司法之三權雖分。而實不能不合之於一。此政治運轉之機關其最要者也。嗚呼。以孟得斯咎之卓識。不能慮及此。唯知三權鼎立之利而已。鄙意如此。泰西之思想家以爲何如。雖然孟氏之學說。吾嘗問之孟氏之學。以良知爲本旨。謂道德及政術。皆以良知所能及之至理爲根基。其論法律也。謂事物必有其不得不然之理。所謂法也。而此不得不然之理。又有其所從出之本原。謂之法之精神。而所以能講究此理。窮其本原。正吾人之良知。所當有事也。萬法精理。全書之總綱。盡在於是。孟氏曰。凡屬圓顱方趾。而其智慧者。卽可以自定法律。雖然當其未著定法律之前。自有所謂義不義正不正者存。所謂事物自然之理也。法律者。卽循此理而設者也。若謂法律所令之外。無所謂善。法律所禁之外。無所謂惡。是猶於未畫圓形之前也。而云自其中央達於周邊諸線長短相等也。

如而可哉。故理也者。人與人物與物相交接之間。所最適宜者是也。而此理常同一而無有變。若各邦所設之政法。特施行此理義之條目耳。又曰法律者。以適合於其邦之政體及政之旨趣爲主。不啻惟是。又當適於其國之地勢。及風土之寒熱。又當適於其國之廣狹。及與鄰邦相接之位置。乃至土壤之沃瘠。及民之所業。或農或牧或賈。各各相宜。又當適於其國民自由權之廣狹。及民所奉之宗教。又當適於民戶之多寡。及人民多數之意向與其性質。不啻惟是。此法律與彼法律必有相因。當求其所以設立之故。并創製此法者宗旨之所在。凡欲講究一邦之法律者。必須就此數端。悉心考求。未可執一以論也。孟氏萬法精理一書。即用此法以考察各國之法。而論列其得失之林者也。其博深切明。不亦宜乎。孟氏學說。最爲爲政治學家所祖尙者。其政體論是也。政體種類之區別。起於阿里士多德。而孟氏剖之甚詳。其言以萬國政體。可以三大別概括之。一曰專制政體。二曰立君政體。三曰共和政體。凡邦國之初立也。人民皆懼伏於君主威制之下。不能少伸其自由權。謂之專制政體。及民智大開。不復統於一人。惟相與議定法律而共遵之。是謂共和政體。此二者其體裁正相反。而介於其間者。則有立君政體。有君以涖於民上。然其威權受法律之節制。非無限之權是也。既明其區別。乃論其得失。孟氏以爲專制政體。絕無法律之力。行於其間。君主專尚武力以懾其民。故此種之政。以使民畏懼爲宗旨。雖善其名曰輯和萬民。實則斲喪元氣。必至舉其所賴以立國之大本而虛失之。昔有路伊沙奴之野蠻。見樹果纍纍。攀折不獲。則以斧仆其樹而捋取之。專制政治。殆類是也。然民之受治於其下者。輒曰但使國祚尚有三數十年。吾輩且假日愉樂。及吾死後。則大亂雖作。復何恤焉。然則專制國民之姑息偷靡。不慮其後。亦與彼蠻民之斫樹採果者無異矣。孟氏又曰凡專制之君主。動曰輯和萬民。其實非眞能輯和也。何也。以彼奪民自由權。使民畏懼爲本旨故也。夫民者固有求自保之性者也。而畏懼之心。與求自保之性。又常不相容。然則專制之國。必至官與民各失其所願望而後已。無他。其中之機關。本自有相牴牾者存也。故只能謂之苟安。不能謂之輯和。輯和者。人人各有所恃以相處而安其生也。苟安者。一時無戰亂而已。故專制國所謂太平。其中常隱然含擾亂之種子。又曰凡專制之國。必禁遏一切新奇議論。使國民隤然不動。如木偶然。其政府守一二陳腐主義。有倡他義。則言爲畔道。爲逆謀。何也。彼其宗旨固以偷一時之安爲極則也。以故務馴擾其民。若禽獸然。時時鞭撻之。使習一二技藝。以效己用。民既冥頑如禽獸矣。則其中有一極猛惡而善威赫者。則足以統御之。不寧惟是。乃至不必以人爲君。而治之有餘。昔瑞典王查理第十二。嘗有所命於元老院。元老院不奉詔。王曰。卿等若猶不從。朕將以一履强命卿等。元老遂唯唯不敢違。由此觀之。一履猶可以御民。故曰不必以人爲君。而治之有餘也。孟氏論專制之弊。大略如是。可謂深切著明也矣。至其論專制與立君兩體之比較。則以爲專制之國君主肆意所欲。絕無一定之法律。然行之既久。漸有相沿成習之法以御衆。此爲政治沿革之第二期。此種政體。威力與法律幷行。蓋專制之稍殺也。雖然。其法律非因民之所欲而制定。未可稱爲眞法律。只能謂之例案而已。而此例案者。果何物乎。則舊制相沿。國王之下。有若干世臣巨室。皆有其先世所傳之規例。君主或自恣過甚。若輩輒援例以爭。藉以限制君權者。如斯而已。孟氏又曰。立君政體。國之機關。其所以運轉自如不至破壞者。有一術焉。蓋以一種驕張之氣習。銘刻臣僚之腦髓。牢不可破。即以人爵爲莫大之榮。是也。惟其然也。故孜孜焉各競其職。莫敢或怠。以官階之高下。祿俸之多少。互相誇耀。因此一念。羣臣皆自修飾。其甚者或致身效死。以徼身後之榮者。蓋亦有人矣。而要之不外一種驕張之氣。驅而役之者也。又曰立君政體之國。苟欲不速滅亡。必其君主有好名之心。有自重之意。以己身之光榮。視同一體。如是則必將希合民心。勉强行道。而其國亦得以小康。雖然。君主好名之極。而世臣巨室。或不能限制其威權。則君主必自視如鬼神。而一無顧忌。此孟氏論立君政體之大略也。約而言之。則强暴之威力。與一定之規則。相混合而已。然則此政體者。亦專制共和兩政間之過渡時代也。次乃論共和民主之政。孟氏以爲民政未立以前。必有一種半君半民之政。以介其間。若是者謂之貴族政治。蓋以國中若干人。獨掌政柄。

實君之餘習也。若天共和政治。則人人皆治人者。人人皆治於人者。蓋各以己意投票選舉。以議行一國之政。故曰人人皆治於人。既選定之司法官。則謹遵其令而莫或違。故曰人人皆治於人。而其本旨之最要者。則人民皆自定法律。自選官吏。無論立法行法。其主權皆國民自握之。而不容或喪者也。孟氏又謂民主國所最要者。在凡百聽民自爲。其不能躬親者。則選官吏以任之。民各行其權以選吏。其明鑒自有令人歎服者。何也。民非必偕練達事務。而於他人之練達與否。辨之最明。身經百戰者。必被舉爲武員。學問湛深者。恆被舉爲文職。餘事皆然。蓋有莫之致而致者焉。欲求國事之無失職者。莫善於此。孟氏論三種政體之元氣。其說有特精者。專制國尚力。立君國尚名。共和國尚德是也。而其所謂德者。非如道學家之所恆言。非如宗教家之所勸化。亦曰愛國家。尚平等之公德而已。孟氏以爲專制立君等國。其國人無須乎廉潔正直。何以故。彼立君之國。以君主之威。助以法律之力。足以統攝羣下而有餘。專制之國。倚刑戮之權。更可以威脅臣民而無不足。若共和國則不然。人人據自由權。非有公德以自戒飭。而國將無以立也。孟氏又曰。立君之國。或間有賢明之主。而臣民之有德者。則甚希。試徵諸歷史。凡君主之國。其朝夕侍君側。號爲近臣者。大率皆庸惡陋劣見之令人作嘔者也。何也。彼其坐於廟堂。衣租食稅。不營產業。其皇皇焉日夕所求。不過爵位而已。利祿而已。其氣傲。其行鄙。遇上於己者。則又卑屈無恥。遇有直言之士。則忌之特甚。聽其言則阿諛反覆。詐僞無信。故遇仁聖之君。則惡其明察。遇庸暗之主。則喜其易欺。君主之倖臣。莫不如是。此古今東西之所同也。不寧惟是。苟在上者多行不義。而居下者守正不阿。貴族專尚詐虞。而平民獨崇廉恥。則下民將益爲官長所欺詐。所魚肉矣。故君主之國。無論上下貴賤。一皆以機變巧詐巧相遇。蓋有迫之使不得不然者也。若是君主之國。固無所用其德義也。孟氏又嘗著波斯寓言一書。以諷當時專制政治。蓋其時歐洲惟荷蘭瑞士行民主政。頗爲各國所重。而亞洲各國。莫不畏之。故託諸波斯人語。謂荷瑞不置君主。爲歐洲最劣之國。然戶口殷息。莫踰二邦云云。篇末遂自伸己意。謂有眞光榮眞名譽眞德義者。惟民主國爲然。一國之人。可稱爲國民者。亦惟民主國爲然。其推崇民主制如是。雖然。孟氏於民主政治之精義。尙有見之未瑩者。蓋其於法律與自由兩者之關係。及其界限未能分明故也。孟氏謂法治之國。（以法律施治謂之法治）人人得以爲其所當爲。而不能强其所不可爲。此自由權所在也云云。顧所謂當爲者。其意甚晦。何則。政府者。非能擧人人所負之責任。而一一干預之也。特責任之關於仁義者。其可以強之使行。政府初不得而問也。孟氏又謂凡法律之所聽皆得爲之。若此者謂之自由云云。雖然。此特指自由之關於法律者言之。未得爲仁義中正之由也。何也。所謂法律者。誰創之耶。其法例果何如耶。是未可知也。夫法律縱爲美備。若創法者爲不稱其職之人。而強行於國中。是亦不正也。即創法者悉稱其職。一由國民之公議。然苟有背於自由平等之理。猶之不正也。孟氏於此義未盡瀏亮。故每以法律與自由倂爲一譚。此亦千慮之一失也。故孟氏雖推崇民主政體。然頗以不能持久爲疑。蓋猶囿於當時學者之所見。以古代希臘羅馬之制爲民主政體之極則。而於法治之眞精神。尚一間未達也。孟氏既叙述各種政體。乃論各政體所由立之本原。於是舉英國政體。謂此所謂立憲政體。最適於用。而施行亦易。實堪爲國摸範。其言曰。苟欲創設自由政治。必政府中之一部。亦不越其職而後可。然居其職者。往往越職。此亦人之常情。而古今之通弊也。故設官分職。各司其事。必使互相牽制。不至互相侵越。於是孟氏遂創爲三權分立之說。曰立法權。曰行法權。曰司法權。均宜分立。不能相混。此孟氏之所創也。孟氏謂立法行法二權。若同歸於一部。則國人必不能保其自由權。何則。兩權相合。則或藉立法之權。以設苛法。又藉其行法之權。而施此苛法。其弊何可勝言。如政府中一部有行法之權者。而欲奪國人之財產。乃先賴立法之權。豫定法律。命各人財產皆可歸之政府。再藉其行法之權以奪之。則爲國人者。雖起而與之爭論。而力不能敵。亦無可奈何。故國人當選舉官吏之際。而以立法行法二權。歸於一部。是猶自縛其手足。而舉其身以納之政府也。又謂司法之權。若與立法權或與行法權同歸於一人。或同歸於一部。則亦有害於國人之自由權。蓋司法權與立法權合。則國

哲學十大家　六十四

人之性命及自由權。必致危殆。蓋司法官吏得自定法律故也。司法權與行政權合。則司法官吏。將藉其行法之權。以恣殘虐故也。若司法立法行法之權合而爲一。則其害更甚。自不待言。故倘自由之國。必設司法之制。使司法官吏。無罷黜之患者何也。蓋司法官獨立不羈。惟法律是依。因不聽行政各官之指揮者也。孟氏此言。其所以分離主權。而不使相混者。蓋以國人選舉官吏。因以一己之事。使之代理。因分任其事於各人。而不使踰越。故三權鼎立。使勢均力敵。互相牽制。而各得其所。此孟氏創見千古不朽者也。雖然。三權之所以設立者。蓋出於官民之互相契約。一則託以自由之權。一則受之。此其故孟氏實未之知。故其所論之旨趣。不能出代議政體之外。蓋在代議政體。則任此權者。實代民而任之者也。故必設法以防制之者勢也。若夫民主國。則任此權者。不過受百姓一時之託。苟有不滿於民者。則罷黜之而已。孟氏又謂自由之國。其國人苟有精神之自由者。則國人皆可以自治。而必仰庇於人。故國人相聚爲一。據法之權以自守之可也。然此事頗難施行。在大國則必不可行。在小國亦不免流弊。故必選舉若干人。以代理之云云。觀孟氏此言。其意蓋在代議政體。而未知民政之眞精神也。盧梭駁之曰。所謂代理人者。將乘國人之信已。而藉口於代理國人。以肆行無忌。是猶書押於紙以授之也。夫官吏之交涉契約而已。故任立法之權者。止可云受託者而已。未可謂代理人也。孟氏首舉立法權。而歸之國民。誠當矣。次論行法權。則謂立法行法不可不分。而行法權宜歸一統。苟不爾則事或滯而不行。且不免錯雜之弊也。然其論所以統一之之法。則以爲舍君主末由。此蓋猶拘墟於一時之耳目。而未達法治之大原也。不觀諸美國乎。行法之權。統於一人。所謂大統領也。而大統之性質。與君主自殊科矣。何也。彼固未嘗有特權也。孟氏必欲舉行法權。歸諸累世相承。不受譴責之君主。又欲調劑二權。置貴族於君民之間。以成所謂混合政體者。此由心醉英風太甚。而不知英國此等現象。實過渡時代。不得不然。非政法之極則也。孟氏之論貴族。亦不免於謬戾。彼謂取人之材能勳績。或練達事務。而選舉之者。貴族政治之本旨也。蓋彼之意。以爲民主之本旨。則以抽籤之法爲選舉。貴族政治之本旨。則以考績之法爲選舉。夫一國之中。設有特權。與一國之中。人人平等者。本不相同。貴族之制。或因門第。或因財產。而握有特權。異於平民。民主之制。則無論其材能如何。勳績如何。初不因此而握特權。苟願効力於其國者。則以一己之自由權。自行表薦。而國人亦以其自由權而選拔。故彼此均有自由權。以互相爲約。此即民主政治之本旨。美國之上院。即然。其不得以此爲貴族之制亦明矣。孟氏之所以致誤之由。蓋不知平等之義故耳。其意若曰。民主國之平等。不過無所區別。而一切賢愚。均無所表異而已。是未眞知平等之義者也。所謂眞平等者。尊重各人之自由權。及自由權所生之各權。無所等差。雖有奇材異能者。不得自恃其長。以制御衆人。亦不得因此而有特權。唯以其自由權。自由其所長。以取信於衆人。亦以自由權選舉之。如是而已。若夫材能勳績。絕無所表異於衆。要非平等之本旨也。

至其論法律制度。則孟氏所見有極偉者。厥後法國改革制度。出於孟氏之功爲多。十八世紀攻擊奴隸惡習。不遺餘力者。莫先於孟氏。當時薄休惠及其他教徒等。均以奴隸爲不當廢。孟氏獨闢之。又哥魯智斯以戰爭爲奴隸所由出。其言曰。戰勝者固得殺獲其敵人。於是宥其敵而使爲奴。固無所不可。其他學者。又謂主人與奴隸互相契約。此奴隸所由出也云云。孟氏於此等邪說。皆一一駁正之。今摘萬法精理中數節。如下戰爭之時。苟非萬不得已。勝者固不能殺其敵人。且人虜他人以爲奴。輙曰吾當時萬不得已。固欲殺之。尋又宥之。因以爲奴。然爲斯言者。果誰信之耶。蓋彼成萬不得已。何不殺之。既可宥之。非眞不得已也。凡有所賣者。必有所自利。既自鬻以爲他人奴。則非眞出於賣買明矣。何則。一爲人奴。則身命財產。皆爲人有。則爲主人者。一無所施。爲奴者。一無所得。天下有如是之賣買者乎。夫各人所有之自由權。即衆人所有自由權之一部。各人固不得而棄之也。夫人不得自鬻其身。以棄其自由權。乃其所生之子。豫爲設法。以棄其自由權。有是理耶。戰勝者不得以所敗之敵人爲奴。乃並舉敵人所生之子。以爲吾奴。其背於理。亦明矣。云云。當時歐人蓄奴自利之風正盛。學者或文致其理。以媚權貴。所以迴護奴制。持之有故。言之成理者甚夥。然以遇孟氏之說。則如湯沃雪。如日照螢矣。故眞理一倡。不過百年。而奴隸之制。遂絕跡於天壤。斯豈非仁人君子心力之爲乎。孟氏又倡議改革刑法。實爲近世文明各國之所宗。先是蒙古士當十六世紀。嘗論刑罰過嚴。謂爲悖理。然聞者習然不察。若李翕留所定刑典。則慘酷殘忍。殆無人理。又路易第十四之勅令。更增揭死刑無算。拷訊之制。視爲戲樂。犯者一罪。而受者兩刑。一時恬然莫以爲怪者。孟氏乃首唱廢拷訊。設陪審寬刑律諸大義。昭昭乎若揭日月而行。哲理一明。惡風丕變矣。孟氏以爲凡民政之國。其人皆有愛國之念。與自重之心。苟非至兇極暴之人。斷不至於犯法。故每以惡名之暴露。爲譴罰之極點。在此等國。僅恃民法之力。已足窒邪慝而遏惡心。彼暴力固在所不需也。故文明國之刑制。不在懲惡。而在勸善。所以防未然。易風俗而已。辟以止辟。刑期無刑。此立理官之原意也。孟氏又謂凡法制之所以亂。罪犯之所以滋者。非由刑罰之寬。有以致也。惟有罪者得逭其罰。故雖嚴而不懲。苟廷尉良得其平。則感服而不犯。又謂刑罰過嚴之弊。足以敗壞人心。使喪其廉恥。而自甘卑汚。蓋國之所以亂。其故有二。一由民之不守法律。一由法律不善。敺民日趨於惡。則國非其國矣。何也。病之病可以藥治之。由藥生病。則愈病愈藥。愈藥愈病。不至於死亡而不止也。自孟氏此論出世後。自加掠復祖述其意。著刑法論。發揮而光大之。流澤生民。日進月善。孟氏亦人道之明星哉。孟氏於富國之學。亦能別創意見。彼謂自由之權。與平等之義相應。而財產之厚薄相去過遠。則平等之義終不可保。何則貧者與富者相並。其勢不能無所屈。故孟氏欲新制法律。務使一國之貨財。散布於衆人。而不使聚於數人。又欲禁造無益之貨物。使不害有益。此孟氏之論平準。所由以節約爲主。而又欲舉古昔民主國租稅之法數。使復行於今日也。孟氏之論租賦。謂民之所以出租稅者無他。蓋分其職產之一分。而使其餘之財產。得藉此安固而已。故定租賦之額者。須將政府每年所需幾何。與百姓每人所需幾何。詳爲核算。若剝國人有用之財。以充國人無用之費。非自由之道也。又定租稅之基本。須通國人之財產。分之爲三。一曰國人所不可一日無者。二曰國人有之得藉此以圖利者。三曰卽國人有之。亦不必有益於國人者。故第一分。則爲政府者決不得而稅之。第二分。則不妨稅之。第三分。則稅之不妨稍重。蓋使租稅之額有輕重。以求合於平等。要之從百姓財產之厚薄。以爲其負擔之輕重差。以上下其租稅也。孟氏又論政府調濟貧人之法。其語亦有獨到者。彼云所謂眞富者。有業之民而已。所謂眞貧者。無業之民而已。其意蓋謂人雖絕無所有。未足爲貧。唯無業者。乃爲貧耳。又謂撫恤鰥寡獨廢疾者。若但給以衣食。雖曰仁慈。非政策也。政府當務之急。在使一國之人各得其所。衣必煖。食必飽。而無飢寒疾病之患。此正爲政府者之所當有事也。若夫姑息之計。不過好施者之所爲。知政者所不取也。故凡無所業者。則與之。其未知所業者。則教之。如是而已。孟氏一切議論。深切著明。大率類是。雖後之論者。謂其於意欲自由之理見之未瑩。故其論道德法律也。能知其主義。不能知主義中之主義。能語其本原。不能語本原中之本原。故可謂之法律史學。而未可謂之法律理學云。雖然。作始者難爲功。繼事者易爲力。自孟氏以後。法理學大家陸續輩出。如奧斯陳伯倫知理之徒。或其博推明辨。駕孟氏而上之。雖然。皆孟氏之弟子也。承其先業而匡救其失。此正後學者之所當有事。曾何足以爲前輩玷耶。若孟德斯咎者。眞造時勢之英雄哉。孟氏又著支那論一首曰支那之刑法。有父子連坐者。秘魯亦然此法蓋本於專制政體。故支那人其子有罪。則其父亦不能免。以爲失於教訓。是無理之甚者也。柏拉圖曰。罪人之子。非第不罰。而且有賞。賞之者何。以不與其父之惡故也。觀支那歷史。其開創之主。則每稱有道。然至季世。則鮮有不般樂怠傲者。蓋創業者經櫛風沐雨之苦。始有今日。且鑑於前朝所以亡。往往不敢失德。然至三世以後。則已忘其祖宗創業之艱難。遂放蕩奢侈無所不至。宴遊於深宮之中。以削其財力。夭其天年。外則有跋扈之大臣。內則有弄權之妾宦。故苟非沖人。則不使踐祚。卒之民情壅閉。不能上達。游食之徒。徧於國中。一旦有豪傑者出。乘此機會。遂廢其君。奪其位。墟其社稷。而此躬行篡奪之魁首。遂自稱曰高祖高宗。而爲一代開創之主。然一傳再傳。至曾元之世。則又荒淫無度。與勝朝之季世無異。此治亂興亡所以循環而無已也。

（君主之弊類然若民主便不如此）吾國教士遊於支那者。或曰支那政府。實能調和於威名德三者之間。而行之無弊。果如是。則吾嘗論政府之元氣。所謂專制政體。以威爲尙。君主政體。以名爲尙。共和政體。以德爲尙者。亦安用此區別哉。然吾竊以爲不然。海脫有言曰。支那之治國。鞭笞之力也。（今外人之待中國亦即用鞭笞之力）若苟不以鞭笞。爲凡事皆不可爲。是率其民。而爲奴隸也。然則奴隸之無所用其名亦明矣。又吾國商人之航於彼國者。未嘗稱道其德。但曰官吏之勒索强奪而已。又教士不倫能言。彼國親王有入西教者。其國皇上大怒。處以重刑。誠如是。是暴君之恒態。野蠻之所爲也。然則暴君野蠻之不能用其德亦明矣。然吾國宣教師之所以稱之者何也。意者但觀其外貌。爲彼所愚。而遂嘖嘖稱之乎。抑教士奉戴教王。狃於服從之故習。有遊於印度諸邦者。見君主專權。則望而色喜。故今至支那。見其政府獨斷獨行。而心嚮往之乎。吾謂教士每好以服從之義。勸誘愚民。故樂道君主之威權。以期其說之行。是若輩之故態也。支那人種之繁。若有神助。地球上婦女之善孕者。以支那人爲最。故雖暴政頻行。殺人民如薙草。而人口之繁殖如故。在彼國即有暴虐之主。布棄兒之苛政。如埃及王法老之虐待猶太人者。恐亦歸於無效。然生殖雖多。充其量不過使一國之人民。悉從君主之意而已。支那之政府。每欲以仁義之道。與專制之權。並行不悖。而求其所謂治。豈知天下之事。苟出以專制。又安有所謂仁義。蓋專制者强暴之謂。强暴本非美名。則雖欲加以制限。自行束縛。適長其虐而已。支那國憲。凡不敬於君者。殺無赦。然所謂不敬。果指何者而言。則又未嘗載明。故欲害人之性命。沒人之財產者。悉誣以不敬之罪。嘗有二史官以所載不實。爲法官所彈。遂處以不敬乘輿之罪。羅織致死。又有一親王。於業經硃批之文件。加以注釋。亦目爲大不敬。致釀大獄。蒙禍極慘。故犯上之罪。而不立一定之科目。但混而共之曰不敬。其不臨於暴虐者幾希矣。支那君主殺人不待訊讞但下一上諭指陳其人有若何罪名而已韃靼人爲亞細亞南部之世冠。屢取其地。以建帝國。然不與人民以自由權。其君長取南部之降民。及北部之降民。咸使歸於奴隸而已。又觀支那史乘。其帝每遷支那人於韃靼。而支那人之遷於邊地。遂亦變而爲韃靼人。其視支那本國。儼同仇敵。然觀其政治。則與本國無少異。終不能脫其卑屈服從之氣質也。又韃靼人於其所征服之土地。一旦爲土人所逐。仍歸本國。然本國之民。沿染南部之習氣。其卑屈服從。與南部無異。此支那史所未載。與歐洲古史若合符節。要之韃靼人種。常以專制之政。施之南部之民。更以專制之政。施之本部之民。束縛之。馳驟之。如牛馬然。我歐人之氣質。則全與彼族相反。尚自由之權。而無卑屈之習。故亞人所稱爲刑罰。而相與安之者。卽歐人所稱爲暴虐。而必欲抗之者也。習俗之難移。未有如支那者也。支那人既立男女之別。猶以爲未足。特設學校以講古禮。以習古風。其教人也。出於一先生之宗旨。全國如一。故一見其人。一聞其言。卽可定其人爲支那何如人。其人自童蒙之時。已習聞所謂先哲之嘉訓。嚴師之教導。自洒掃應對之末節。以至道義心術之微妙。皆已深入於人心。而牢不可破。此支那人性質也。支那文勝之國。其儀文度數。過於繁縟。舉數千數百之禮文。縷刻於支那人之肺肝。初不覺其繁苦。然君主之治民。則又不以禮文。而以刑罰。輒曰刑罰所以補教化之不足。豈知專尚刑罰。則民免無恥。風俗必至頹敗。此必然之勢也。但欲振作精神。一掃積習。則持法嚴厲。或亦在所不免。然刑罰者。亂世之藥石。而非正本淸源也。乃支那人不明此理。則風俗一壞焉。有不亂者哉。支那人之立法。以國人之安恬馴良。不好多事。爲圖治之極點。此外非所問也。故必薰陶其人民。使之服從卑屈。以尊親敬長爲教。蓋支那之政治。本係家長政治。若父母之權衰。則官長之權亦替。父子之禮衰。則君臣之情亦薄。若一旦革其風俗。則現行之國法。必不可以持久。故婦事舅姑。盥漱問安等。不過閨門之細事。似不足以當立法者之意。然整頓風俗者。必以此爲先務。一若經國之大本。莫重於是者。無他。家長政治之元氣。固如是也。支那人以禮儀爲行爲之準繩。然以詐虞爲尙。誠怪事也。夫交易之道。以信爲尙。此一定之理。支那人則不然。凡秤量則備三種。買物用其重者。賣物用其輕者。若遇有戒心而不可欺。則用其眞者。故外商遠客。苟欲購買物件。必自備秤量。其所以然者。蓋爲治者。但求其民之安恬馴良。不好多事。此勤勞者。唯有人工之業。故土地之所出有限。而小民之生計甚難。工業之外。無所謂謀生之道也。此孟氏論支那一篇。讀之亦可窺孟氏之學術矣。

斯密士

原富一書。世人津津稱道。固知為阿丹斯密士所著也。至叩以阿丹斯密士生平之事蹟。鮮有知者。余故表章之。阿丹斯密士。英人也。生於本國希爾格爾地。時一千七百二十三年。幼時肄業於希爾格爾地之小學校。學業之進。益已非常人所可比矣。為人天性善良誠篤友愛。然乏容儀。有獨居自語之癖。其後一千七百三十七年。入於格勒斯多之大學為生徒。此大學係豪商。斯納爾所設立也。斯密士於學校中受學。資最優。專習數學。博物學。及萬國之歷史。增進社會之幸福。而有改良補翼之志。其持論記述於義理最精確。其意味又能伸暢。一千七百四十年。又入阿斯佛之大學。凡在此校七年。學業大進。後歸省母居希爾格爾地二年。此二年間尤力學。一千七百四十八年。徙居以了堡得笈捫西候之恩顧。遂從事於辯論學文章學。一千七百五十一年。舉爲格勒斯高大學之教授。明年更陞爲道德學教授。斯密士之每臨講說也。不豫蓄考案。隨思隨演。了無難色。觀其容儀。固不華美。以質樸自待。然雖未脩飾。當其演說之際。口如懸河。反覆辯論。使聽者無不景慕感動。是以斯密士之名。漸溢校內。又自著道德論。刊行於世。一千七百五十七年。道德智覺論一書初成。以公世人涉躐。此書爲斯密士於文學界上之雷名之基本也。一千七百六十三年。除歲之日。從華格里以侯赴歐洲大陸。察其地之風土人情。一千七百六十六年。歸於英京倫敦。復歸希爾格爾地省母家居。不覺十年。人疑斯密士惡塵居之汚浴。有隱於世外之意。無不太息嗟訝。至一千七百七十六年。

斯密士所著之原富一書刊行。以公於世。自是天下之耳目驚之喜之。而疑團頓釋。古來諸種之學術。經亞里斯多德之手。稍變爲科學之體裁。獨於經濟之學。尚漏於亞里斯多德之手。其初傳於世之經濟學之主義。謬迷甚多。而經濟之社會。殆如太陽之未出。然至原富之發行也。其狀猶撥經濟社會之雲霧。而見青天。本朝神代天野巖戶之祭事後。大陽而照六合。其功蹟亦偉大矣。於是世人始知斯密士。隱遯之久之所以然。一千七百九十八年。當關稅委員之撰。一千七百八十四年。其母薨。一千七百八十八年。又失其姪達格拉斯。一千七百九十年七月。斯密士亦終。其年六十八歲。生平性最好學。不遑思婦人女子。終身不娶妻。故無嗣子。其易簀之時。猶與友人里達爾談話。語次歎息曰。嗚呼。我今生一無所爲。以此一無所爲之身。而入黃泉。是我所甚愧也。薛文淸所謂處事當詳。審安重爲之以艱難。斷之以果決。事了即當若無事者。又謂處事了。不形之於言尤妙。數語以之賛斯密士極合。彼既顯如此偉大之功蹟。而曰我一無所爲。非至人不能爲此言也。今請言斯密士著述之要領。斯密士首以國民之勞力。爲富之大源。以謂勞力者。國民所賴以得日用百物之供給者也。斯密士固非謂勞力爲生產上獨一無二之原質。然於卷首特提出趨重力作之義。殆所以示別於重商重農之兩學派也。而其論勞力之效。以分功爲第一要義。謂分功之繁簡。可以覘人國治化之深淺。而又言分功學理之適用。農業不如工業。卷首論分功之效一篇。其學識已有夐超前古者矣。斯密士又論分功之起原。由於人類有欲交易物品之天性。其言曰。功分而生財之能事益宏。雖然。非前知其能生財。然後分之若此也。蓋起於不得已焉。人生而有羣。天與之以有欲。其所以養此欲者。非一人之身。所能備也。勢必取於相資。故有貿劑。（謂相易以約者）有交易。（謂相易以物者）有買賣。（謂以財爲易者）而生事以供。亦有此三者而分功以著。治化既開。易事乃始。易事既有。乃各審其耳目手足之所宜。各操一術焉。以前其羣之用。勞一人之心與力。而各有所出。自享不盡。斥其餘以爲易以給他人之求而已。亦得所欲。此分功交易所以相因爲用也。斯密士又論分功之程度。與市場之廣狹。相爲比例。蓋小城小市。貿易寡道。其民若專攻一業。則自用而外多致餘饒。而莫與爲易。故不得不舍其專而業其兼。輟此業之有餘。補彼業之不足。然後生事得粗具也。因論分功之所始。必在瀕海多江河之國。以其交通便。市場廣。百工興也。近世歐美諸國。汲汲然求市場於遠地。勢將合五大洲爲一。大皆實行斯密士分功之政策而已。斯密士又曰。分功局定。則民之生事。取足於己者日以少。待給於人者日以多。故易之爲道。尙焉。雖然。

爲易之始。必有所窒。使乙之所以易。非甲之所欲有。則易之事將窮。有智者起。別儲一物。使隨時隨地。出以爲易。人皆樂之而不吾拒。此物也。名之曰易中。是卽貨幣之所由起也。人各持此易中以易所欲得之物。然萬物有不齊也。故不得不定其價格焉。以爲相易之準。斯密士論價格分爲二種。一曰利用價格。（物每有利用甚宏生事所不可無而不可以相易空氣水土是已）二曰交易價格。（物有利權甚大而利用蓋微珠璣寶石是已）夫物苟不可以相易。則其價格可勿論。故專論交易價格。斯密士乃論物有眞値與市價異。凡人所有之物。皆自力求始也。以力致物。今也積力於物。及其未毀斥。以與人或易物焉。或得錢焉。自我觀之。其所得者。必其與是力相當者也。故功力者。物之所以相爲易也。若是者。謂之眞値。雖然。於入市之際。而曰吾較量吾所用之力以取償焉。吾能計之而購者未必能也。故取定於兩家當市之評。甲仰而乙俯之乙出而甲入之。至於各得分願而止。若是者謂之市價。斯密士又言吾欲求得一物。以衡量萬物之眞值。以審其貴賤之差。吾思之吾重思之。其可以爲諸値之程準者。宜莫如人力矣。成一物而費功力若干。自勞力以產物致貨者言之。無論何地何時。其所費之分量一耳。故費力多者其物貴。費力少者其物廉。惟功力有恆。可以爲物值之準。以此而衡量一切萬物之價格。可謂最公而獨眞也。故人力爲直正之價格。貨幣不過名義上之價格。雖然。物價亦有析分焉。當民之初羣。無占用。無積聚。故交易價格。惟視產物致貨時所費之功力幾何以爲差率。及羣治愈進。而物價所含之性質。亦愈複雜。疇昔地無所專屬也。及後世分民分土。而天下之地皆私財。於是乎有地主。勞力者必資土地乃能產物。而土地既非所自有。遂不得不納租賦以乞貰之於地主。分其勞力所得之若干以爲償。若是者名曰租。日本謂之地代又生民之業。皆力作於先食報於後。二者不能同時。方其力作。非先有以贍其口體。固不可也。則必仰於積聚之家。積聚者。出其母財以餉材焉。以餼廩焉。及其成貨也。亦不得不分其勞力所得之若干以爲償。若是者謂之息。日本謂之利潤除租與息之外。其成貨而售之也。猶足償其勞力所費而有餘。若是者謂之庸。日本謂之賃銀租庸息三者。物價之原質也。卽一物之價論之。將見或彼或此。或僅一焉。或兼三焉。而皆統於是三物者。顧租庸息雖不同物。而其始則皆勞力之所出。故皆可以功力爲權度也。斯密士復論經價與時價之不同。經價者。卽物之眞値。所以致是貨入市之全費也。卽合其所納於土地之租。所償於資本之息。所酬於勞力之庸。而所受售適足以相抵者是也。時價者。常市所售之價也。時價與經價異。或等。或過。或不及。而常視供與求相劑之間。持求物售者謂之供人欲得物者謂之求使供之數不及乎求之數。則有力者甯出過經之價以蘄必得。供少求多則求者競競。時價優於經價矣。使供之數過乎求之數。以經價求者無多。而急售者衆。求少供多。則供者競競。時價劣於經價矣。故時價者常爲競爭力所左右而動搖於經價之周圍。此謂供求相劑者。則任物自已。而二者常趨於平也。夫供求相等爲實事所絕無。而勢之所趨。又常以相等爲的。蓋供過求。時價劣經價。則供者必受敝則遷。遷則供者減。而與不及之求相劑矣。求過供。時價優經價。則供者必獲利。獲利則徠。徠則供者增。而與太過之求。又相劑矣。斯氏此論可謂通物情之窾奧洞天地之大理。言利也而進乎道矣。斯密士又以爲經價之成。本於三物。（卽租庸息三者也）故經價之變。又視三者而爲差。而三者之差。則視其羣之或貧或富。其治化之或進步或中立或退行。因覃思博徵。以推明諸變相待之理。斯密士乃言曰庸率之高下定於受傭者與雇傭者兩家之約。而二者之利常相妨。受者惟恐其少。雇者惟恐其多。兩者競爭之結果。而常率出焉。然雖最低之庸率。亦必使所得者有餘於二人之自養。然後其事乃可長。而一國之庸率。其能優於此最低率若干度。恆視其國之貧富以爲差。蓋力役爲物。與百貨同體。庸者力役之價也。庸之消長。亦視供求相劑何如。國富則母財足。興業多。需傭衆。求過於供。而庸率騰。國貧者反是。是故察國財之進退。莫著於勞力者之庸。庸優者進。庸劣者不前。此誠必至之符。自然之驗也。惟贏亦然。（按贏卽前所言之息然息之界狹贏之界廣故常言租庸贏依嚴書之命名也說見嚴譯原富釋贏篇）贏之厚薄。亦常與國財盛衰相消息。雖然。二者之所因同。而其所以因者大異。庸率爲正比例。而贏率則爲反比例也。蓋功力之酬。多乃有養。必國財而後庸率高。而母本之斥。少則竭之。故國財衰而後贏得厚也。斯密十次論業異而庸贏不同之故。

推本於自由政策。而攻訐政府干涉之爲失計。其言曰。苟聽民之自已。而不加擢塞驅縶於其間。則一國之中。民生諸業。凡所以致其力而役其財者。將苦樂利不利相若。都邑錯處。風氣棣通。一業獨腴。則民將自趨。一業獨瘠。則民將自抑。將各審其內外之分。以與其所居之羣相劑。不必在上者爲之焦勤也。惟在上者爲之焦勤。而後民失其自由。而業之不齊以著。故曰民如水。自趨平。又曰國助不如民自助。斯密士之論租也。曰合三成價。租與居一焉。而其所以入價之情。與庸贏大有異。庸贏之高下。物價所以貴賤之因也。而租之重輕。則物價貴賤之結果也。何則。使市價溢於經價。則所溢者將斷而爲租。使適如經價而止。則租無由出矣。故地之所產。有物焉。求常過供。則市價常溢。人乃賚其地焉。故常得租。有物焉。求或過供。或不及供。則市價或溢或不溢。人乃遲回以擇其地焉。故或得租或不得租。是租入之大例也。租庸贏三者。固物價之原質。而民所賴以養軀命繕家室長子孫者也。因茲三塗而各羣中可分爲三大階級。一曰地主食租者也。二曰勞力者受庸者也。三曰資本家享贏者也。而三塗之利害。與通國之休戚。則有合有離。地主之利害。與國之休戚。最相關切。蓋民至合羣成國。其中一切進化利民之事。凡可使地產日增民生日裕者。無一而非有土者之大利也。故必物產滋。然後租入鉅焉。必田野闢。然後物產滋焉。必民業盛而後田野闢焉。民業盛田野闢而國不休者未之聞也。勞力者之利害亦然。大抵庸率最優莫若進治向富之國。中立不進。所得將徵。故國勢進盛之秋。大利固歸於產主。及其衰退。則蒙罰尤酷者。又莫若勞民也。獨至第三級之資本家。則其利害常往往與公益相背馳。蓋民貧然後子錢加。國彌富則息率彌徵。國治衰退。民生困窮。息率彌大。至其極高。

而國與羣殆將亡而散矣。此原富第一編之要領如此。亦可想見斯密士之經濟矣。

本唐

人情趨甘而避苦。好逸而惡勞。此天下皆然也。國家有政治有法律。其目要在與民同安樂。使民享利益。利一而害九。其法固不行焉。卽利五而害亦五。其法亦不行焉。究而論之。大凡於人民有過半之利益者悉取之。於人民有過半之損害者。悉去之。此卽所謂實利主義。主張其說者。遂爲近世法學世界生一大變動。主者誰。卽本唐其人也。本唐英人。一千七百四十八年二月十五日。生於英京倫幼而穎悟。頗熟文學。人多呼爲哲學兒。及弱冠。入味斯閔斯德之學校。及長特沙斯佛大學。天姿聰明。且加以非常之勉勵。故學業日進。同窗學友。皆仰望不可及。無不敬之若師長。本唐爲人。其性質磊落不羈。其氣宇活潑萬象。不能受尋常學校範圍。亦本唐特別之質性。本唐之父。狀師也。當時狀師會院有欲召本唐爲狀師者。本唐拒之。其說曰。人爲士人。必欲使子爲大夫。父爲大夫。必欲使子爲卿相。不必言其子之材不材。而望之之心。皆同情也。吾嘗聞之大法官摩亞氏。年幼時。嘗隨父赴味斯閔斯德爲訴裁判所官吏。其職亦可謂卑下矣。然摩亞氏他日卽爲大法官。又豈當日所及料哉。一千七百六十五年。本唐遭母喪。父更納博士戎亞卜的氏之寡婦某夫人。夫人有曩所生子。卽後爲下議院長格智西侯查理亞卜的也。母再嫁。亞卜的隨義父習業。本唐是時已有非常思想。故不欲繼父業。凡哲學及法理等學。無不講究。特標新理。別創新說。其目的在超出天下古今萬世之思想家。攪破千古之迷夢。其著政體論。行於世。人無不好尙之。及後年道德與立法論出。而世人耳目思想。又爲之一變。至是本唐名漸高。如親戚蘭西頓公招本唐於波烏德。遇以賓禮。本唐初皆家居。專心哲學。及法學。至是頗有遠遊之志。本唐航魯西亞。遊佛蘭西。頗擴見聞。復歸國。竭力著述。成哲學及法學書。共十餘種。一千八百三十二年。六月六日卒。年八十有五。本唐平生著述。專主實利主義。自始至終。不易其說。而他人著述。往往前後改轍。捕風捉影。自本唐書出。凡當時關係民生空漠之意見。種種寬言泛語。爲之一空。雖然。安知本唐之後。不更有仍執前說。以排擊本唐之議論者。然於法學社會。本唐之功蹟亦偉矣。本唐亦可謂近世一大學者哉。本唐又嘗論人民服從之義務。及革命之權利。蓋人民所以服從政府者。以其能爲一國人民之福也。迨其暴橫恣睢。福我既不可得。而水深火熱。害我者日益。則嚮之所謂義務者。至是而盡。遂唱革命。重建政府。豈非人民固有之權利哉。

其說曰。上帝之心。無非欲使人生長蒙太平之福。而無一夫不獲其所而已。故立國行政。必察輿情之傾向。不敢私一國爲己有。各人利害。通國共之。通國禍福。各人分之。賢明政府。不挾一朝之勢力。輕抗人民。凡有可以福我國人者。求之唯恐不足。凡有可以害我國人者。去之務絕其本。若是則人民之服從。卽爲天意之所在。而義務之所存可也。暴橫之政府則反是。不特不能福我國人。其爲害之端。不可殫述。若是則人民之服從。天意既非所在。而義務亦至是而絕矣。由是觀之。革命之所以合於道義者。必先以人民服從政府之利害。與拒敵政府之利害。權其輕重。使服從之害。不如革命之利。則革命也。革命之害。不及服從之利。則服從可也。但革命之合於道義與否。論定之責。歸諸何人。蓋革命之事。上下競爭。無居間可以調停之人。政府之中。則成敗之機。於彼最切。苟欲以論定之責歸諸政府。則其排斥無餘之說。可决也。唯人民則發於至義。激於公理。捨其身家性命。以敵暴橫之政府。推其心舍爲國救民之外。尙有他哉。其心之正也。如此。則論定之責。不歸人民。余恐無人可歸者矣。本唐又一說曰。一國主權。由人民委諸政府。政府之執行主權也。人民又必豫定國約。設爲制限。使不致陷於專橫之弊。然政府或猶越其職守。背戾憲法。馴至殃及人民。此革命之事所以生也。故人民欲以革命爲良劑。而治政府之劇疾。唯視政府之於憲法。遵守與否。卽可得其機矣。雖然。以余觀之。人民所定之憲法。因爲政府執行主權之界限。使政府侵其界限。人民卽起唱革命。誠宜也。若以政府之於憲法遵守與否。而定革命之機。不可也。當政府少有背戾憲法。卽欲羣唱革命。則國家禍亂。終無可熄之時。使其說果行。將天下擾擾。莫可寧居。今日之亂方平。明日之亂又伏於蕭墻肘腋間矣。余實不勝杞人之憂也。故欲定革命之機。不在政府壓制之寬猛。而在衡其利害之多少。或壓制雖猛。而服從之害。較革命爲少。或壓制雖寬。而服從之害。較革命爲多。近世諸大家。俱宗此旨。故曰服從革命。初無定論。唯熟計利害。去多就少。爲萬世不易之常則耳。利學家之所謂至普至公之利者。非比較革命之利害。而定革命之機者也。不過虛示一國人民之利害。使立法者得以藉爲準的耳。列傳氏曰。本唐之所謂實利主義。其源實希臘哲學家之發論。後數百千年間。少有宗之。至本唐始主張其說。而人知有實利主義。然其後彌爾傑出。蓋發明本義。蓋本唐所謂實利主義。只就直接有形者而言。及彌爾擴張之。更推及間接無形者。以余所見。實利主義之釋義。僅接現在。並未計及將來。即彌爾之間接無形。亦畢竟指現世之生民。並非爲後世子孫計。噫。一事之廢興。關乎民生之利害。爲今日之利者。

安知不爲明日之害。爲明日之利者。安知不爲後日之害。故必將現在之利害與將來之利害比較。利多害寡。然後取決此余奉持實利主義之解釋也。若本唐所謂現在。殆謂今日耶。抑明日耶。殆謂十年耶。抑百年耶。殊不可解。嗚呼。此余所不能不有疑於本唐者也。

達爾文

十九世紀之天地。無論政治界。學術界。宗教界。思想界。人事界。皆生一絕大之變遷。視前十八世紀若別有天地者。然互相競爭。自致進化。務爲優强。勿爲劣弱。凡此諸論。下自小學校之生徒。上至各國之大政治家。莫不口習之。而心營之。其影響所及也。於國與國之關係。而帝國政策出焉。於學與學之關係。而綜合哲學出焉。他日二十世紀之世界。將爲此政策。此哲學所磅薄充塞。而人類之進步。將不可思議。此之風潮。此之消息。何自

哲學十大家　九十八

起耶。起於一千八百五十九年。何以故以達爾文之種源論。出版於是年故。達爾文名查理士羅拔。英國人也。生於一千八百九年。與美國前統領林肯。英國宰相格蘭斯頓同歲生。論者稱其年爲人道之福星云。其祖父埃拉士瑪士。以醫學及博物學名於時。於植物變遷之跡。頗有所考究。父名羅拔世其醫學。達爾文九歲喪母。其幼年在小學校也。才智無以逾人。校中功課。當出其妹之下。惟好搜集昆蟲草木金石魚介等以爲樂。蓋其博物學大家之資格天授然也。十六歲入蘇格蘭之埃毡保羅大學。後更入琴布列大學。爲教師亨士羅所器重。受其薰陶。慨然有立偉功於學界之志。一千八百三十一年。卒業於大學。時英國政府奬勵學術。將特派一探檢船於海外。周航世界。以資實驗。達爾文得亨士羅之保薦。遂得附所派之璧克兒船以行。時年僅二十二。是歲十二月二十一日。船發濟物浦。

直航南亞美利加。復徧歷澳大利亞。亞洲等處。環繞地球。五年而還。此五年內。實爲其一生學問之基礎。一切實驗智識。皆得於是。歸國之後。首著壁克兒航海日記一書。以公於世。聲價藉甚。不數月而諸國翻譯殆徧。復陸續著壁克兒航海之地質學。珊瑚島之構造及分布等書。於是博物之名大噪。被舉爲國學會院名譽會員。一千八百四十二年。遂去倫敦。卜居於京特省附近之一村落。屏絕塵俗。潛心滌慮。將航海五年內所蒐之材料。所悟之新說。整齊之。鍛練之。蓋其精心毅力。務求其眞理之極則。不敢自欺。不肯急功近名以取譽於世。殆欲積二三十年之力。成一滿志躊躇之大著述。至身後乃始布之。其眼光之偉大有如此者。不圖事與心違。一千八百五十八年。達氏之知友和理士。忽自南美洲寄一稿於達氏。請其商於先輩碩學黎埃兒氏而刊布之。達氏一讀其文。恰與己十年來所苦思力索。蓄而未發之新說。一一暗合。若在器量踽小者流。或不免爭名譽。起嫉忌而思有以壓抑之。湮沒之。亦未可知。乃達氏胸中皎皎若秋月。曾無半點妖雲。且携其原稿以示黎埃兒富伽兩前輩。此二人者皆達氏之親交。而深知其平生所研究所懷抱者也。乃共勸達氏。使急叙次其新著。一并布行。達氏乃自出其新論之大畧。與和理士氏之書同宣布之於倫敦林娜學士會。實一千八百五十八年七月一日也。此兩論一出。全國學者耳目爲之聳動。或嘆爲精新。或斥爲誕妄。評論沸騰。不知底止。達氏乃益蒐其材料。緯其理論。叙次成編。所謂種源論者。遂以一千八百五十九年十一月出於世。此書之未出也。世人皆以種爲一成不變者。物物皆由上帝特別創造之。自受造以來。以迄今日。未嘗或變。今日之犬。卽太古之犬也。今日之猴。卽太古之猴也。今日之松。卽太古之松也。以爲秉生以來。卽釐然而不可易。若夫下等動植物之次第進化。以至變成今日之高等人類。此等怪誕之說。更無有人敢著想者。可無論矣。達爾文以前。雖有一二博物學者。稍有見於物類蕃變之現象。如拉麥氏。於一千八百一年所著書。曾微發其端倪。而達爾文之祖父埃拉士瑪士所著一書。亦嘗大倡其說。雖然。彼等雖知其變遷進化之跡。而不知其變遷進化之所以然。及種源論出。積多年之實驗。而以一大學理網羅貫通之。然後人物生生之理。乃顯於世界。今述其要畧如下。達爾文以爲生物變遷之原因。皆由生存競爭優勝劣敗之公例而來。而勝敗之機。有由於自然者。有由於人爲者。由於自然者。謂之自然淘汰。由於人爲者。謂之人事淘汰。淘汰不已。而種乃日進焉。何謂人淘汰。凡動物之豢飼者。植物之樹藝者。因其豢之培之之境遇不同。而無量數之變種起焉。譬之家兔。常飼以某物而其毛可以變色。常豢以某法而其耳可以加長。如是者。使之變百數十種不難焉。其實則皆自同種之野兔來耳。以是例之。乃至養鳩者。養金魚者。栽菊者。栽蘭者。其理莫不如是。皆本由一簡單同類之種。而人工能使之變至數十數百而未有已也。此等變種之生。非突如其來者。乃由極微極小之點。漸漸而遷。其始甚細。其末甚鉅。試視之犬。有臘犬。有鬥犬。有守羊羣之牧犬。有衞宅門之家犬。有挐挽車之御犬。皆各具其特別之智能性質。以適人之嗜好。而供人之指揮。非其祖種之生而即然也。人類積多年之力。馴之練之。專濬發其機能之一部分。是以及此。此不徒於物爲然也。即人類亦有之。古希臘之斯巴達人。常用此法。以淘汰其民。凡子女之初生也。驗其體格。若有瘠弱殘廢者。輒棄之殺之。無俾傳種。惟留此健者。使長子孫。以故斯巴達之人。以强武名於時。至今歷史上猶可見其遺跡焉。此皆所謂人事淘汰之功也。自達爾文此說昌明。各國教育事業。大有影響。蓋今日文明世界。雖斷無用斯巴達野蠻殘酷手段之理。然知人之精神與體魄。皆能因所習而有非常之變化。以故近日學校。益注意於德育體育兩途。昔惟重教授者。今則尤重訓練。可以懸一至善之目的。而使一國人使世界人。共向之以進。積日漸久。而必可以致之。此亦達爾文之學說。與有力焉者也。所謂天然淘汰者何也。此義達爾文初不敢武斷。其後苦思力索。旁徵博較。然後尋出物競天擇之公理。此物與彼物同在一地。而枯菀殊科者。必其物有特別之點。與天然界之境遇相適。則能自存焉。能傳種焉。譬之砂漠。有各種色之蟲。滋生其間。其所以受生者。本相等也。但青紅紫黑諸色等。易於辨認。故飛禽蜥蜴諸物。輒搏而啄之。日漸減少。其種遂歸滅亡。所存者則與沙漠同色而難辨認者也。至飛禽蜥蜴諸物亦然。其有靑紅紫黑諸色者。易於瞥見。蟲類一觀而知爲其敵。所在避之。故常不得食以死。日漸減少。其種亦歸滅亡。所存者則與沙漠同色。而難瞥見者也。以此之故。凡沙漠中。惟有黃色白色之蟲。黃色灰色之鳥。無他。彼惟最適於其所在之境遇而已。達爾文推物競之起原。以爲地上所產出之物數。比諸其所以營養之之物質。常不能相稱。其超過之率。殆不可思議。若使有生而無滅。則一雌一雄。所產之子孫。轉瞬間可占盡全球之面積而有餘。即如人類生殖最遲者也。二十五年而增加一倍。以此比例。則一夫婦之子孫。經千年後。已屏足而立於地球矣。況乎動植物之孳生速率。遠非人類所能比者乎。動物生產最遲者莫如象。自三十歲至九十歲。可以產子。計最少數。一牝牡產六子。經七百五十年。則當得象。一六千九百萬頭矣。自餘百物。皆可類推。以此之故。於有限之面積中。而容無限之品類。其勢固不可以不競爭。競爭之結果如何。卽前節所述適者生存之公例是也。達爾文以爲此天然淘汰之力。無有間斷。無有已時。比諸人事淘汰之力。其宏大過之萬萬。猶天產物與人造物之比例也。且其影響。不特在同種之物而已。各物與各物之間。往往互有關係。其繁賾至不可思議。試舉其例。嘗有人移植英國產之一種蘭花於紐西崙之原野。屢植而不能孳生。惟村落附近則叢茂焉。推原其故。蓋蘭花之孳殖。常藉蜜蜂互遞其花粉於雄莖雌蕊之間。然後搆精而傳種焉。而紐西崙之地多野鼠。野鼠喜食蜂蜜。蜜蜂不生。而蘭自不得長。村落附近所以反是者何也。則以其有貓。有貓故無野鼠。無野鼠故有蜜蜂。有蜜蜂故有蘭。夫就知有蘭之生產與彼風馬牛不相及之貓。有若此之大關係乎。達爾文引此等證據甚多。使人知事物與事物相關聯之間。其原因極繁賾。達氏之眼光。可謂偉大矣。萬物同競爭。而異類之競爭。不如同類之尤激烈。蓋各自求食。而異類者。各有所適之食。彼此不甚相妨。虎之與牛也。狼之與羊也。鳥之與蛇也。其競爭不如虎之與虎。狼之與狼。蛇之與蛇也。大抵愈相近。則其爭愈劇。人之與魚鳥。爭不如其與獸爭之甚也。歐洲人與他洲之土蠻爭。不如歐洲各國自爭之甚也。而其愈劇。則其所謂最適者愈出焉。夫所謂適者生存。非徒其本體之生存而已。必以己之所以優。所以勝之智若力。傳之於其子。子又傳諸其孫。如是久而久之。其所特有之奇材異能。益爲他物之所不能及。於是其當初偶然所得之能力。遂變而爲一定之材性。馴致別爲一種族而後已焉。此種之變遷所由起也。苟明此理。則知現今庶物之殽立者。必其先有所承襲而來。若深究其本質。必有彼此相同之痕跡。可以尋得者。其最始必同本於一元。而現今之生物界。不過循過去數十萬年。自然淘汰之大例。由單統以趨於繁賾而已。即吾人類。亦屬生物之一種。不能逃此公例之外。故達爾文據地質學家所考究地下層石內之古生物。察其變遷進化之順序。以著所謂人祖論者。於一千八百七十一年出版。以明人類亦從下等動物漸次進而來。達爾文自種源論出版以後。猶日日蒐集研究。至老不衰。其後陸續著行之書二十餘種。大都發明物競天擇之意。達氏抱持此意。既述其大概矣。茲再縷悉陳之。達氏以為一物之生也。必有所憑依。不惟單箇體之自存。必需憑依而已。一物之傳種得活與否。皆視其所得之憑依如何。有二大類於此。凶年饑歲。各爭競覓食。得之則生。不得則死。此易見之理也。沙漠旁之植物。欲爭競以自存。必有以敵此旱乾而後可。是不能不憑依溫氣矣。凡一植物。每年所生之種子無數。其能自存者。大約千分之一而已。此植物之爭自存。

最易見者也。是不惟與異種爭。亦與同種爭焉。寄生之自存。必憑依於菓等類之樹。苟有甚多之寄生。同生一樹。是焉得不殞死乎。故若數寄生同生於樹。則必各相競爭以圖自存。寄生之種。爲鳥類所播揚。其自存既先賴鳥矣。然其爭競尤先在本生之菓樹上。蓋一樹之種實多矣。其一偏爲鳥所攫取。又偏遺之於他樹之上而得存。微乎微乎。爭自存之理也。生物之必以競爭圖自存奈何。曰有機物之增加也。其度極速。生物按時而生卵傳種。於其生時。必有遇不幸而毀亡者矣。不然物種之增加。乃按幾何級數。地球之闊。祇有此數。固將無地以容之。故種物之發生者多。存活者少。必競爭而後能存。與同種爭。與異種爭。與一切關於生活之情境爭。佑馬爾泰司之理。則動植界之物種。增加既極速。人類增多。將無所得食。非限婚姻不可。夫物種之增加速度雖不同。其赴於繁多則一。此世界將何地以容之增加之速。凡有機物莫不皆然。若物種而無死亡也。則一雄一雌之子孫。不久而遍於世界。今以生產最遲之數計。如人類二十五年而加一倍。依此數計。則不及千年地球之上。已無其子孫立足之地矣。林納司計算。以爲世間之植物一年斷不僅傳兩種。即以一年傳兩種計。其所傳之種。亦復每年傳兩種。後二十年。已多至一百萬。象者。一切獸類中之生產最緩者也。然依其自然增加之例。如一象活一百歲。自三十歲時始生子。至九十歲共生六子。其所生之子生子亦按此數。至七百四十五年之後。將有九百萬象。此九百萬象。皆自其始祖一雄一雌傳種來也。上所云云。特遙測耳。茲言數種獸類之自然增加。人所共見而實大可驚者。莫如家獸之變爲野獸者矣。世界有數處。其土地最與一物種相宜。如生產甚遲之馬牛。至南美利加洲及墺大利亞洲。變爲野種。生產甚繁。非確見者。幾不足信。又有數種植物。傳入一島。不及十年。全島幾無地不有之。如植物類之家。冬及高薊。在南美智利國拉拍拿塔。爲無處不有最繁茂之植物。是二種皆自歐洲新傳入。其本地之舊植物。日以消絕。博士賫基尼告予曰。自美洲發現以後。其植物之傳入印度者。自叩謀林岬喜馬拿亞彌望皆是也。此無他。動植物類。忽得新地。而與其生活最宜。故生機發達。新生者幾於盡能自存。日趨於盛。依幾何級數增加。融融然樂新居。其地固有之舊種死亡。幾無孑遺矣。既長大之植物無歲不傳種。動物無歲不育胎。是自然之理哉。然一切動植物種。固莫不依幾何級數增加也。已傳之種。已育之胎。各圖自存。若使是多多者皆能自存。而無死亡者。地球固不能容之。人苟徒觀於家養動物。不足見自然界增加之可驚也。因時時殺之而爲食物。以人力生存之。亦以人力死亡之。自然界物種之死亡與因人力而死亡數略相等耳。物類之生卵傳種。有每歲盈千者。有每歲生產極少者。苟生產少之物類。與境相宜則其種繁。庶反過於生產多者。孔德鳥一歲僅產二卵。駝鳥一歲產二十卵。然是二鳥同在一國。孔德鳥反占多數。乏爾馬海燕。一歲僅產一卵。然於世界中鳥類占多數。蠅之產卵。輒盈數百。蟲蠅每歲只產一卵。然是二者。同在一邑。其多少略相等。何以故。夫一種之增加。以食物爲最要。苟一動物能保存其種。其所生產者。幾能盡存。則其數自繁。反之。其所生產多。而皆不能保存。雖其生數極繁。亦終不免於滅種。觀於宇宙自然之家。可知每一百有生機之物類。皆莫不競爭自存。以增加其種也。既有生命。即有競爭。既有競爭。弱劣者。即不免於死亡。不論新舊。每一種。每一時。死亡者不知其凡幾也。苟一種之死亡畧少。則其數不久已增加可驚矣。物類之增加也。常有自然之原因。以妨止之雖其原因。頗難覺察。然苟察於人類增加之故。則其原因見焉。妨止增加之旨論者頗多。最易見此例者。莫如南美利加洲之野獸。茲余不暇詳論。後當作專書明之。僅於此釋自然妨止之要點。不能詳也。夫徒以卵種之傷殞。小獸之夭歿。解此問題。猶未確焉。不觀夫一植物。每年所生之種殞死者無數乎。一地已密生他植物者。苟又一種入而居之。則前此之叢叢者。皆不啻爲此後來者之仇敵。於此有一地焉。其長三尺。其闊二尺。耕耘既畢。不殖他草。惟殖余意之所欲植者。余所殖之物三百五十七莖。至少有二百九十五莖死亡者。是大畧爲蝸牛細蟲之所傷。同種又自相競爭。稍弱者漸爲稍强者之所殺。如一牧地有二十種物生於其間。至少有九種先滅。各種生長自由。能不競爭以殺其較已弱劣者哉。食物固爲各種物增加之大限。然妨止增加之大原因。固不在此。而在彼別種禽獸之所攫。如鷓鴣如松雞如野兔。皆捕蟲類以爲食者。近今二十年間。英國以射獵爲最樂事。每年被獵之獸。其數不下數十萬。故可獵之獸。今甚減少也。物種之最强也。則莫能犯害之。象之在印度。無野獸敢犯害之者。雖猛如虎。亦不敢犯在父母保護下之小象也。氣候者。亦限制物種增加之一要件也。極寒或極熱之氣候。於妨止增加最有効力。一千八百五十四年至五年。兩歲冬時。余所居之地大寒。鳥雀之死亡者。計有五分之四。是誠非常之災也。不惟鳥類有之。人類亦有之。瘟疫流行。人類死者。至十分之一。非非常之災乎。由是觀之。生存競爭。尤首視氣候何如。且箇體與同種或別體競爭。要在食物。氣候又生出食物之源也。如氣候極寒則物種大受害。大冬嚴寒。物類無所得食。死之道也。人苟出而旅行。或由南方之北方。或由樹澤國之冗地。則見物種隨地不同。由漸少以至於無。此氣候與物種有直接關係之明證也。一物種視之雖豐盛。其爲爭生命而死亡者常無數也。夫與此物種同一地。而爭食者皆此物種之仇敵也。互爲仇敵而相爭競。苟其仇敵中之一。與其地微變之氣候適宜。則增加極繁。他種反是。如余旅行自北而南。見一種之數漸減少。可知其原因。必因他種適於此地之氣候。此物種與之爭競而敗也。至夫寒帶之國。沙漠無產生之地。爭存之事。幾無所用。可畏哉。氣候乎。是妨止物種增加之大限也。物種增加之妨止。既如上論。何以家園之植物。繁茂蔥鬱。若與其地之氣候最宜者然。曰是非其是然之性也。是有人力以爲之助。無他種物類與之競爭。又無他種獸類殘害之。是非其自然之性也。最能妨止物類之增加者。莫如瘟疫矣。如一物種得一適宜之地。增加極繁。一遇瘟疫。則生存競爭之事皆止。而無所用。其種之絕滅。蓋不遠矣。瘟疫之原因。乃有一種微生物。遍傳於此物種之身。而與之競生存。其傳也極易。物種莫如之何也。一種之數滋生既繁。仇敵耽耽環集其旁。是不能不講保存之法哉。今有一鳥羣於此。當夏秋之際。穀熟於田。一羣食之而恢然有餘。是時其鳥種之數大加。至冬季而一止。是時鳥類覓食極難。除小麥及花園數種植物之外。幾無可食者。鳥類之因是死亡者蓋不少也。其幸不滅絕者。則因是時偏有數種植物。天然繁盛。此鳥羣賴之以得生。雖然其不至於死亡者幾希矣。列傳氏曰。達爾文之卒也。年七十有四。當千八百八十二年。其訃音登於報紙中。知與不知。莫不嗟悼。卒由國會決議。以國葬之禮。歸其遺蛻於名儒奈端氏之墓旁。俄美德法意大利西班牙各國。皆派員會葬。諸國之大學。諸學會之代表員來會者千數云。達爾文之著書二十七種。不下千數百萬言。其學理之精深。證據之繁博。今世無量數之鴻儒碩學。

竭畢生之力。以研究之。尙不能盡其端倪。况余之新學小生。欲以區區數葉之論文。揭其綱領。烏能有當。但今所以草此篇之故。意欲吾國民知近世思想變遷之根由。又知此種學術。不能但視爲博物家一科之學。而所謂天然淘汰。優勝劣敗之理。實普行於一切邦國種族宗教學術人事之中。無大無小。而皆爲此天演大例之所範圍。不優則劣。不存則亡。其機間不容髮。凡含生負氣之倫。皆不可不戰兢惕厲。而求所以適存於今日之道云。達爾文新說之出於世也。耶穌教徒視之如讐。如數百年前反對地動說之故事。出全力以抗之。蓋以其論與舊約創世記所謂上帝以七日造成人物之說不相容也。雖然。眞理者最後之戰勝。彼等至今。已如反舌之無聲也。

斯賓塞

斯賓塞。英國達維縣人也。祖父於本地開設上等學校。自爲教授。父嗣其業。斯賓塞有同胞皆亡。今存者只斯賓塞一人。斯賓塞亦有柔弱。父母望其長成。故保護特至。父最潛心萬物發達之理。尤力於幼時之教育。嘗以務居廣闊之地。漸次强旺其筋骨。然後施以教授。其教授之法。初發明物之性質。繼將事物之旨趣。淺說粗解。而後授以書藉。一書畢後。再易一書。其法周密無虛擲之歲月。及斯賓塞長成著教育論。全以父所教授之法爲本。雖然。斯賓塞亦天聰之才能。加以異常之勉勵。故有今日之斯賓塞也。斯賓塞幼時專受父之教育。其後從祖父的馬士斯賓塞數年。的馬士者。英國教會之僧侶。其學問之宏博。仁慈之深心。人無不稱之爲學士。斯賓塞夙好器械學及數學。父亦以斯賓塞之虛弱。不堪修文學。命學建築學。保其健康。爲有益之用。斯賓塞十七歲爲建築師。當時委身土木之間。

誰知斯賓塞爲後來一大哲學者。一變希臘以來之哲學。動天下人之想像。其人之前途。眞無人所及知矣。斯賓塞既爲建築師、從查爾斯福格斯就職業。福格斯者。固斯賓塞父之門弟也。千八百五十年建築大博覽會之會場。斯賓塞從事建築師之業。凡八年當時同業者頗增加。爲非常之競爭。然終以利薄廢其業。此八年間。往往借器械建築雜誌之紙上。據其議論。一千八百四十二年。政府之當務問題出版。而世人所爲注目。於是斯賓塞文學之名從此起矣。斯賓塞又廢建築師之業。一千八百四十五年。鐵道騷動。起建築師非常之凋零。斯賓塞自一千八百四十八年至五十二年。五年間惹迷斯維爾孫之管理。著經濟新法及社會靜狀論。即於此時。此書有壯年活潑之氣象。其議論快活雄壯。有飛揚天外之勢。此書既出。而世人於是更仰斯賓塞之名如泰斗矣。一千八百五十七年、本國諸新聞報雜法蒽集甚多。是年政經理談出版。一千八百六十三年。政經理談第二集出版智德教育論出版。先是一千八百六十年。斯賓塞著哲學編。全編大成。須數十年。此書目的。以近世之學問成性命精神社會三大部。完全哲學之基本而全編分爲五大部。第一部爲原理論。主宰宇宙萬象。論定法則。爲凡百科學之基本。此部示著者之淸案。以下四部論述原理。第二部爲生物原理。說明性命之通則法度。第三部爲精神原理論述精神爲何物。第四部爲新會原理。論述社會之主宰。說明天然之法。第五部爲道義原論。前四部尋究人類之身體。精神及社會。此則注意人類之行爲。講究道義之眞理。斯賓塞自一千八百六十年。從事此大業。至一千九百年計三十年。始克卒業。如孟德斯咎之萬法精理。賴山湯之日本外史歷二十年。而始告成。然彼等之著述。雖歷二十年。其間往往旁及他業。今斯賓塞之著哲學編。三十年中。並無虛擲之一日。專心致志。疲精殫神。然後成書。然每出一編。而天下之學者社會。無不轟然雷動。翕然傾心。斯賓塞之著哲學編也。當時倫敦之朋輩中。有贊翼之者。亦有駁難之者。起一番大波瀾。而斯賓塞愈勉力從事。必欲大業成功。然斯賓塞之年齡漸耄。列傳氏隔數千里在異邦。每每爲之感慨。設斯賓塞有不幸之事。大業未成。其一己之遺憾。固不可以言語盡。而社會之全體不幸。殆更甚焉。嗚呼。造物不忌才。斯人得永壽。江山雖改。著述不磨。日月同光。河嶽俱古。彼蒼者天。吾又何求。近更得讀斯賓塞女議論一篇。茲特擇其尤者而述之。斯賓塞曰。男女同權者。自然之眞理。稍有知識者。孰不認之。然反對者正不尠。夫皆無說以自堅也。古語有之曰。人類之幸福。上帝之所欲也。世間一切之權利。皆自此言生矣。男女身體之機關雖少異。心靈則無不同。

何能屏之於人羣之外。使不能均受天然幸福乎。蓋平等自由者。天然法律固應如是。凡是人類。孰不當均享之。斯賓塞又曰。欲知一國人民之文明程度如何。必以其國待遇女人之情形如何爲斷。此不易之定例也。此說之範圍內所包括之實事極多。放眼觀宇內之情勢。其國之法律。苟規定男人與男人之關係。極其嚴酷也。其規定男女人與女人之關係。亦必嚴酷。欲知其國民政治之組織如何。於其國中之一家可見之。其國而專制也。雖其國中之任一家族。必亦專制。二者并立而不相離。若土耳其。若埃及。若印度。若中國。若俄羅斯。若歐洲之封建國。皆足爲此說之明證也。所最可奇者。東亞諸國之事。吾曹孰不知之。平居倚茶椅。肆口評譏國民之性質。未嘗不訾他國爲野蠻。詡己羣爲文明。以爲己國必遠勝於他國也。未嘗不詆古人爲野蠻。誇自己爲文明。以爲今人必勝於古人也。其評譏東方諸國之虐待女人也。東方社會之規則。固不良矣。我英國之人。亦知英國今日政治及家族之壓制。亦與東方諸國相同之點甚多乎。如英國之法律及風俗。常使人權。與富者以大權。過於貧者。與男人以强權過於女人。是定非野蠻之俗乎。此非吾一人之偏見也。吾亦非謂英國民之性情皆如是也。是乃古代遺傳專制之風。存於議院及家族之中。脫之而未能盡。故有若是之失而不自覺也。其一國之人其公衆之行爲。如有不正。則一人之私行爲。亦必不不免於不正。此殆必然之理乎。欲知一國之中。壓制之痕跡。如何。其關係頗複雜而不易見。不若驗之於一家之內。觀於家內男女間之壓制如何。則其國君民間之壓制如何可知也。斯賓塞又曰。天下事之至可痛惡。而爲野蠻之極點者。莫如尊己所言。謂之命令。而强人以必從我矣。俄帝所頒於伊頓學院之敕諭。暴惡殘忍。與禽獸之聲無異。而亦尊之曰敕諭。豈不可羞。總而言之。命令者。野蠻時代之怪物也。命令者其言本不善。以强力逼人以必從也。人類交際。以禮相維。欲人之行一事。必商量允協而後可也。命令者。咆哮矜大。以力屈人。其聲音動作。無一不可爲未開化者殘虐之證。命令者平和之仇也。野蠻之國。視皇帝之敕諭爲神聖。不可犯。犯之者誅。在文明之國。直目之爲與百姓挑戰之書。其語意之中。常伏殺機。而易產出戰禍。是道德法律中之所無。而爲犯倫背理之事。無可疑也。往日之野蠻風俗。常留遺其形式於今日之社會。而難於盡化。蓋野蠻風俗。能鑄成其時人之一定性質。今日者。其性質雖變更已多。而不能悉絕除也。夫人類本不平等也。何謂命令。何謂服從。有命令者。故有專制。有順從者。故有奴隸。二者本無異也。專制何謂。謂屈他人之意志使必從已也。奴隸何謂。謂不能自有其意志。而服從他人之意志。以爲己之意志也。專制者之凌辱他人。固背理矣。奴隸之屈從他人。其背理惟均。何則人莫不有完全之自由。依特別之界限。以練習其天才。奴僕則放棄此自由之權。讓於他人。而不自保。勞其力以供他人之需。而非以供己需。甘受人之命令。而服從之。背理莫甚焉。命令之本意。若曰依予之所命而行。勿執汝之己意。嗚呼。殖民者之對黑奴。夫之對其妻。皆用此道也。以廢棄他人之意志爲原理。無論事之輕重。皆以伸己屈人爲獨一無之目的。東方暴君之對其奴隸。亦莫不用此道也。於上云云。起而反對者固不少。以爲服從者。乃人類之正當美德善行也。且命令之當於正理者不少。而女類柔弱服從於較强之男類。有益不少。嗚呼。若彼之說。迷邪路而不悟。吾固無暇與之深辯。彼不記國民之制度及信仰。固依其性質如何而定耶。彼不記人之知覺。固易爲情欲之所左右耶。彼不記吾社會之狀態。吾人高等感情之發達。固甚不完全耶。彼不記往日野蠻之風俗。吾祖先以爲合理者。吾曹何不深惡之耶。以同理推之。則今日許多風俗。吾曹以爲合理者。吾後世文明之子孫。必大嫌棄之。此一定之理也。如往日野蠻之俗。禁女人與其主人同席而坐。今人莫不嫌之。則後人必有嫌今人之妻爲其夫之奴屬。而指此俗爲野蠻者。無可疑也。以平等之自由爲原理。可斷一切事理之是非。欲決命令之合理否。以平等之自由決之。已可矣。蓋一人出令。使多人從之。則一人得自由。衆人失其自由。於是自由不平等矣。由此推驗。吾可斷定命令之背公理也。夫世界日進於文明。人類之感情日有變遷。則女人屈屬男人之俗。不久必變。乃必至之勢也。夫同類不平等。而以力相壓服。乃悖亂之制。禽獸之道也。今日者。抱優美感情之士。不惟不以力壓其同類而已。有卑謙而下屈於已前者。反推讓而不受。必欲其貧愚之同類。脫盡服從之習。而養成其自重之風。蓋接同類以嚴厲之言傲慢之色。與暴君虐其民之所爲。其異幾何。故雖待其下人言語之間。亦無一毫專制之風儀。其家中服役何嘗不需僕人。然有契約焉。以禮相接。不以主人自居。凡欲其僕行一事。必不用命令也。命令者。愛情之荼毒也。男女結合之情。如何優美。如無婉麗如何雅致。一觸妄施威權之冷風。倏焉憔悴。倏焉枯槁。夫歡愛之與壓制。二者相去甚遠。適相反背。而不能幷存也。一爲最善感情之起因。一爲最惡感情之根原。歡愛者同情也。壓制者無情也。歡愛者。溫和也。壓制者苛刻也。是豈能幷存耶。與前一性相牽引。必與後一性相背馳。故二性常互相爭。常互相滅。夫世人之用壓力。凌駕其妻者。欲其愛情之無傷。不可得也。愛情既傷。而欲一家之有好効果。不可得也。故命令者決不可用之家庭夫婦間也。夫妻不平權。遂變本極自由平等之好關係。一爲主。一爲屬。是誠極野蠻風俗。不可不改良也。此風不變。則夫妻之間。必無眞愛情。必奴主之勢盡革。則夫婦之眞愛情。乃充滿而無極。是非虛言。隨處有實事可驗也。人間有所謂結婚之幸福焉。夫與妻之相結。不可有一毫勢力施於其間。歡愛無極。乃爲幸福。若現今世界夫婦間之情狀。苦辱而已。幸福乎何有。列傳氏曰。斯賓塞此論偉矣。其女權一篇。無可駁者。余亦於斯賓塞本傳贊美不盡。然好而知其惡。惡而知美。余知斯賓塞平日之著述。大純不能無小疵焉。何也。他人論說。可以一言斷之者。而斯賓塞則千言萬語。尤不足盡其意焉。重叠其詞。反覆其義。余有所不取者。意少詞煩。喧賓奪主。故歷之十年之日月。兔烏空過。職是之由。殆所謂智者千慮。必有一失者歟。雖然。斯賓塞之智。豈不及此。抑別有苦心焉。則非余之所敢知矣。

哲學十大家

一百二十八

哲學十大家終

光緒二十九年五月首次印行

定價大洋五角

板權所有
不准翻印

繙譯者　國民叢書社

校閱者　文化編譯會社

印刷所　文化編譯會社

總發行所　汲綆齋分莊